Grossmutters badische Landküche

Gertrud und Eberhard Löbell

Grossmutters badische Landküche

Mit Fotografien von
Björn Kray Iversen

Statt mit dem Speer den Drachen zu jagen, sollte der heilige Georg lieber etwas Leckeres kochen. Als kleine Anregung dieses Kochbuch!
von Rüffi

UMSCHAU

23. April 2009 in Merzhausen

Traditionelles
Brandmatter
Waldfest
der
Feuerwehr
Sasbachwalden
Herzlich
Willkommen

Inhalt

Die badische Küche

Eine Einführung

„Das schönste Land in Deutschlands Gau'n, das ist das Badnerland", singen die Badener stolz bei vielen Gelegenheiten und betrachten das zu Badens Glanzzeiten entstandene Lied noch heute gewissermaßen als ihre Nationalhymne. Doch das zu Beginn des 19. Jahrhunderts als Napoleons „Kunstschöpfung" entstandene Baden gibt es als eigenständiges Land nicht mehr. Es existierte nur etwa 150 Jahre bis zum Ende des Zweiten Weltkriegs.
Die 1952 vollzogene „Vernunftehe" zwischen den badischen und den württembergischen Landesteilen war die Geburtsstunde von Baden-Württemberg. Die einstige Grenze zwischen dem Großherzogtum Baden und dem Königreich Württemberg kennt heute kaum noch jemand, die letzten Verwaltungsreformen setzten sich außerdem über alte Besitzgrenzen aus feudalherrschaftlichen Zeiten hinweg.
Die Gestalt des alten Badens glich einem langen Stiefel und reichte, wie es im Badner-Lied heißt, „vom See (Bodensee) bis an des Maines Strand". Der Absatz ist am Rheinknie bei Basel anzusiedeln, die Spitze am Bodensee. Den langen Schaft, den Stéphanie Beauharnais, Napoleons Stieftochter, als „Badens etwas zu schmale Taille" kritisierte, bildet die fruchtbare Landschaft zwischen Schwarzwald und Rhein. Der Stiefelrand im Norden, gewissermaßen die Stulpe, verläuft durch den Odenwald und am Main entlang. Die Franken im Norden haben eine andere Sprache als die Alemannen im Süden; das Schwarzwaldflüsschen Murg trennt von alters her Siedlungsgebiet und Sprachraum der beiden Volksstämme.
So unterschiedlich wie die einzelnen Regionen Badens, so vielfältig ist auch die badische Küche. Wenn voreingenommene Kritiker den Badenern vorwerfen, eine eigene authentische badische Küche gäbe es nicht, sollte man weise darüber hinwegsehen. Gewiss, man wurde in Baden beeinflusst von den schwäbischen Nachbarn, von Frankreich, der Schweiz und auch von den Österreichern, die lange Zeit Herrscher über südliche Teile Badens waren. Auch die Römer darf man nicht vergessen, die als erste die Barbaren nördlich der Alpen mit neuen kulinarischen Ansprüchen und einer feineren Lebensart bekannt machten.
All diese Impulse beeinflussten die heutige badische Küche. Die Badener wussten eigene Traditionen zu wahren, zeigten sich aber stets offen für Einflüsse von außen, die sie gekonnt den eigenen Vorstellungen anpassten. Nicht umsonst genießt in Mitteleuropa gerade die badische Küche höchste Wertschätzung.

Selbst gewisse kulinarische Gemeinsamkeiten mit den Schwaben lassen sich nicht leugnen, auch wenn der rechte Badener ein – wenn auch nur kleines – Vorurteil gegenüber den östlichen Nachbarn hat. Ausgerechnet die in beiden Küchen fest verankerten Spätzle werden zur Beweisführung herangezogen. Ihr Rezept für Spätzle (in Südbaden werden sie übrigens zu Knöpfle), so argumentieren die gemütlichen und sinnesfrohen Badener, erlaube als Zutaten nur Mehl, Eier und Salz. Den kreuzbraven und sparsamen Schwaben werfen sie vor, sie würden den Teig mit Wasser „strecken". Der gaumenkundige und scharfzüngige Freiburger Schriftsteller Franz Schneller (1889–1968) bezeichnete die Knöpfle als die „Aristokraten des Teigs, aus dem die Schwaben ihre Teigproletarier herstellen".

Dass auch wackere Schwaben ihrem Nachbarland große Wertschätzung entgegenbrachten, zeigen die Worte des Hohenlohers Karl Julius Weber (1767–1852): „Das Großherzogtum Baden kann man mit noch mehr Recht das Eden Deutschlands nennen als Württemberg".

Doch hart und mühsam war das Leben auf dem Lande einst auch im so gelobten Baden. Die schwere körperliche Arbeit verlangte andere Essgewohnheiten als man sie heute kennt. Fünf Mahlzeiten nahm man in der Regel zu sich. Nach getaner Stallarbeit das „Z'Morge", meistens eine Mehl- oder Brotsuppe; das „Z'Nüni", das Neun-Uhr-Frühstück, bestand aus Speck, Wurst und Brot. Das „Z'Mittag", das Mittagessen, kochte die Hausfrau im Wesentlichen aus dem, was man in der eigenen Landwirtschaft erzeugte, zugekauft wurde nur wenig. Das „Z'Vieri" am Nachmittag war wiederum eine kalte Vespermahlzeit, während man sich beim „Z'Nachtesse" oftmals mit einer Suppe begnügte.

Doch neben der deftigen Werktagsküche, bei der es in erster Linie darum ging, den Hunger zu stillen, gab es auch die Festtagsküche. Keine Feier ohne reichen Mittagstisch, für den die Hausfrau keine Mühe und keinen Aufwand scheute. Stundenlang stand sie in der Küche, da wurde gebraten, geschmort, gerührt und gebacken. „Gute Küche ist kein Luxus", schrieb der oben genannte Franz Schneller, der sich ausführlich mit der badischen Lebensart befasste. „Sie ist ein Spiegel des Reichtums einer Landschaft, und es sind die bodenständigen Gerichte, die mit ihrer Kraft und Würze unserem Geist das Echo des Landes erhalten".

Das Echo und die Philosophie der badischen Küche war und ist, die besten einheimischen Produkte der Jahreszeit entsprechend gekonnt auf den Tisch zu bringen und aus wenig viel zu machen. Zur badischen Küche gehört in jedem Fall auch der Wein. Er ist dem Badener eine Gabe Gottes und hat seinen festen Platz nicht nur als Essensbegleiter im Glas, sondern er wird auch großzügig in der Küche verwendet, was den Speisen außerordentlich gut bekommt.

Dann gibt es noch den Most, den vergorenen Saft von Äpfeln und Birnen, Haustrunk der bäuerlichen Familien. Ihn schätzt man besonders dort, wo die Rebe nicht mehr gedeiht. Er ist wichtiges Begleitgetränk beim Z'Nüni und beim Z'Vieri.

„Lenn's euch schmecke"! wollen wir nun den Lesern beim Nachkochen der Rezepte zurufen oder ganz einfach „En guete"! Dass „Guet Esse un Trinke Lieb und Seel z'sammehält", hat man in Baden schon immer beherzigt.

Suppen, Suppeneinlagen und Eintopfgerichte

1

Suppen, ob klar oder gebunden, von der leichten Brühe bis zum deftigen Eintopf, haben von alters her einen festen Platz, sowohl in der badischen Alltags- als auch in der Festtagsküche. „Wer lang Supp' isst, lebt lang", sagt man in Baden. Diese Redensart belegt, dass die Badener ein fröhliches Suppenvölkchen sind, das sich mit Genuss über den Suppenteller hermacht. Der Pfarrer und Volksschriftsteller Heinrich Hansjakob aus dem Schwarzwald beschreibt um die Wende vom 19. zum 20. Jahrhundert ein traditionelles bäuerliches Hochzeitsessen: Zunächst kommen zwei Suppen, eine Brot- und eine Nudelsuppe; nach den Fleischgängen wird nochmals Suppe serviert.

Neben Nudeln sind auch Flädle, die in schmale Streifen geschnittenen Pfannkuchen, beliebte Suppeneinlagen. Zur badischen Kunst der Einlagen zählen auch Eierstich, Mark-, Leber- und Grießklößchen, nicht zu vergessen die Hörnle, Striebele, Butterschwämmchen und vieles mehr. Der Fantasie sind keine Grenzen gesetzt!

Unverzichtbare Grundlage einer guten Suppe ist und bleibt eine kräftige Fleischbrühe. Sie lässt sich kochen aus Rinds- und Kalbsknochen, aus Suppenfleisch und aus Suppenhuhn. Kräuter und Wurzelgemüse, Pfeffer und Lorbeer verleihen der Brühe die richtige Würze.

Im einst für seine karge Küche bekannten Schwarzwald bestand die erste Mahlzeit des Tages meistens aus einer Suppe. Die „brennte Mehlsupp" war wie die Kartoffelsuppe ursprünglich ein Arme-Leute-Essen, dazu gedacht, mit wenigen und einfachen Zutaten hungrige Mäuler zu stopfen. Beide Suppen haben inzwischen ihren Weg aus der einfachen bäuerlichen Küche in gehobene Restaurants gefunden.

Der Kunsthistoriker Jacob Burckhardt aus Basel, der sich selbst einen „badischen Hauptbummler" nannte, bestellte sich bei jeder Fahrt ins badische Markgräflerland zum Schoppen Gutedel eine Mehlsuppe. Jenseits des Rheins, im schweizerischen Basel, wird sie als Spezialität zur dortigen Fasnacht in früher Stunde nach dem „Morgenstraich" in allen Gasthäusern serviert.

Großmutters Prinzip, das Bestmögliche aus althergebrachten Grundzutaten zu machen und deren Eigengeschmack zu erhalten, Hülsenfrüchte, Kraut und Rüben, Getrocknetes, Geräuchertes und Gepökeltes zu den Eckpfeilern ihrer Kochkunst zu machen, folgen auch die deftigen Eintopfgerichte. Sie sollten nicht nur den großen Hunger stillen. Die bäuerlichen Eintopfgerichte brachte die Hausfrau gern dann auf den Tisch, wenn wegen anderer Arbeit wenig Zeit zum Kochen blieb. Eintopfgerichte aus getrockneten Hülsenfrüchten können stundenlang auf dem Herd köcheln, es kommt nicht auf einen bestimmten Garpunkt an.

Das Talent unserer Großmütter, dem Einfachen Genüssliches abzugewinnen, zeigte sich bei den „Verheirateten", der gelungenen Liaison von Kartoffelschnitz und Spätzle in der Brühe. Im Gegensatz zum schwäbischen „Gaisburger Marsch", bei dem alle Zutaten einzeln gekocht und erst zum Schluss zusammengemischt werden, drückt oder schabt man die Spätzle gleich mit in die Kartoffelsuppe und gibt statt Fleisch eine gute Portion Fleischwurst zu.

Fleischbrühe

500–750 g Rindfleisch
(Brust oder Bug)
500 g Rinderknochen
3 gelbe Rüben
1 Stange Lauch
1/2 Sellerieknolle
1 Zwiebel,
ungeschält und halbiert
1 Tomate
1 Lorbeerblatt
1 TL Salz

Fleisch und Knochen gründlich abspülen. Mit ca. 2 Liter kaltem Wasser aufsetzen, so dass Fleisch und Knochen bedeckt sind, und zum Kochen bringen. 90–120 Minuten auf kleiner Flamme sieden lassen, dabei mehrmals den Schaum abschöpfen. Das Gemüse putzen, klein schneiden und zusammen mit den Gewürzen hineingeben.
Die Zwiebel auf der Schnittseite anrösten (gibt der Brühe eine goldgelbe Farbe) und ebenfalls in die Brühe geben. Weitere 30 Minuten köcheln lassen.
Die Suppe durch ein Sieb gießen, bei Bedarf nach dem Durchseihen entfetten.

Klare Ochsenschwanzsuppe

1,5 kg Ochsenschwanz
100 g fetter geräucherter
Speck, grob gewürfelt
1 Bund Suppengrün,
grob zerteilt
2 Zwiebeln, grob gehackt
2 Lorbeerblätter
Salz, Pfeffer
2 l Rinderbrühe
etwas Madeira

Den Ochsenschwanz am besten schon beim Metzger in Stücke zerteilen lassen. Den Speck in einem Bräter ausbraten lassen. Ochsenschwanzstücke, Suppengrün, Zwiebeln und Lorbeerblätter zugeben, mit Salz und Pfeffer würzen. Bei starker Hitze rösten, dabei das Fleisch mehrmals wenden.
Mit der Brühe auffüllen, bei milder Hitze 120–150 Minuten sieden lassen, bis die Brühe auf 1 Liter eingekocht ist. Die Ochsenschwanzstücke herausnehmen, die Brühe durch ein feines Sieb in einen anderen Topf umgießen und ca. 30 Minuten ruhen lassen. Dann das Fett abschöpfen, mit Madeira abschmecken und wieder erhitzen.

Griessklösschen

60 g zimmerwarme Butter
125 g feiner Grieß
1 Ei, getrennt
Salz, Pfeffer, Muskat
1 EL Schnittlauch, fein gehackt

Butter schaumig rühren, Grieß und Eigelb zugeben. Mit den Gewürzen abschmecken, Schnittlauch untermengen. Den Teig 20 Minuten ruhen lassen, damit der Grieß aufquellen kann. Zum Schluss das steif geschlagene Eiweiß unterziehen.

Mit zwei angefeuchteten Teelöffeln gleichmäßige Klößchen formen. Diese in kochendes Salzwasser geben und zugedeckt 8–10 Minuten ziehen lassen. Die Klöße sind gar, wenn sie an die Oberfläche kommen.

Beim Anrichten gibt man die Klöße in eine heiße Brühe und streut den Schnittlauch darüber.

Eierstich

2 Eier
1/8 l Milch
Salz, Muskat
etwas Butter

Eier, Milch und Gewürze verrühren. In ein gebuttertes Förmchen oder eine Tasse füllen, mit Alufolie bedecken und 15–20 Minuten im Wasserbad stocken lassen. Das Wasser darf nicht sprudelnd kochen, sondern nur kleine Bläschen ziehen, da die Masse sonst großporig wird. Kurz abkühlen lassen, auf eine Platte stürzen und in Streifen oder Würfel schneiden.

Als Einlage für klare Fleischbrühe, Consommé, Grünkern- oder Tomatensuppe verwenden.

Will man den Eierstich färben, gibt man unter die ungekochte Eiermasse fein gehackte Petersilie oder Tomatenmark.

Markklösschen

100 g Rindermark
2 Eier
100 g Weckmehl
Petersilie, fein gehackt
Salz, Pfeffer, Muskat

Das Mark in einem Topf auf kleiner Flamme schmelzen lassen. Durch ein Haarsieb gießen und abkühlen lassen. Schaumig rühren, Eier, Weckmehl, Petersilie und Gewürze untermengen. Kirschgroße Kugeln formen und im Kühlschrank 1–2 Stunden fest werden lassen.

In kochendem Salzwasser 8–10 Minuten mehr ziehen als kochen lassen (die Klößchen fallen sonst auseinander). Die Bällchen sind fertig, wenn sie an die Oberfläche kommen. Es empfiehlt sich, einen Probekloß zu machen und, falls er nicht fest genug ist, noch etwas Weckmehl unterzukneten.

Die Suppe bleibt klar, wenn man die Bällchen gesondert gart und dann erst in die heiße Suppe legt.

Nach dem gleichen Rezept werden Butterklößchen hergestellt. Man verwendet dann statt des Rindermarks die gleiche Menge schaumig gerührte Butter.

125 g Mehl
1 Ei
1/4 l Milch
1 Prise Salz
1 El Butterschmalz

Mehl, Ei, Milch und Salz zu einem glatten Pfannkuchenteig verarbeiten. 30 Minuten ruhen lassen.
Im heißen Butterschmalz kleine dünne Pfannkuchen backen und noch warm aufrollen. Quer in feine Streifen schneiden, in eine vorgewärmte Suppenschüssel geben oder auf Teller verteilen. Mit heißer Brühe übergießen und sofort servieren.
Kräuterflädle bekommt man, wenn man unter den Pfannkuchenteig noch 1–2 Esslöffel fein gewiegte Petersilie mengt.

Brotsuppe

250 g Schwarzbrot
40 g Butterschmalz
1 Zwiebel
1 gelbe Rübe
1/4 Sellerieknolle
1 l Fleischbrühe
Salz, Pfeffer, Majoran, Muskat
4 EL Sahne
1 Eigelb
70 g Schwarzwälder Schinken

200 g Brot kurz einweichen. Das Gemüse fein würfeln und im heißen Butterschmalz leicht anrösten. Das Brot ausdrücken, zugeben und mit der Brühe auffüllen. Zum Kochen bringen und 10 Minuten sieden, dabei immer wieder umrühren.

Mit dem Stabmixer pürieren und abschmecken. Sahne und Eigelb verrühren, die Suppe mit der Mischung binden, sie darf nun nicht mehr kochen.

Schinken und das restliche Brot würfeln und anrösten. Vor dem Servieren über die Suppe verteilen.

Kräutersüpple

1 Zwiebel, fein gewürfelt
5 EL Kräuter, fein gehackt
(Kerbel, Petersilie,
Schnittlauch, Spinat,
Liebstöckel o. a.)
4 EL Butterschmalz
3 EL Mehl
1 l Milch
Salz, Pfeffer, Muskat
1 EL kalte Butter
2 EL geschlagene süße Sahne

Zwiebel und Kräuter (1 Esslöffel zurückbehalten) im heißen Fett andünsten. Das Mehl drüberstreuen und 10 Minuten mit andämpfen. Mit Milch auffüllen, glatt rühren und kurz aufkochen lassen.

Mit Salz, Pfeffer und Muskat abschmecken, die restlichen Kräuter untermischen. Kurz vor dem Servieren Butter und Sahne unterziehen.

Nach Geschmack kann man die fertige Suppe noch mit einem Eigelb legieren, sie darf dann nicht mehr kochen.

Kürbissuppe

500 g Kürbis
100 g Kartoffeln
1 l Fleisch- oder Gemüsebrühe
1/4 l süße Sahne
Salz, Muskat

Den Kürbis schälen, die Kerne entfernen und das Kürbisfleisch in grobe Würfel schneiden. Kartoffeln ebenfalls schälen und würfeln. Die Brühe zum Kochen bringen, Kürbis- und Kartoffelstücke hinein geben und weich kochen.
Im Mixer oder mit dem Mixstab pürieren. Die Suppe mit der Sahne verfeinern und nach Belieben mit Salz und Muskat abschmecken.

Gebrannte Mehlsuppe

60 g Mehl
60 g Schweineschmalz
(oder Butterschmalz)
1 kleine Zwiebel,
fein geschnitten
1 1/2 l Fleischbrühe
Salz, Pfeffer, Muskat
Schnittlauchröllchen

Das Mehl im heißen Fett unter ständigem Rühren kastanienbraun rösten. Die Zwiebel zugeben und weitere 5 Minuten rühren. Mit der Fleischbrühe ablöschen. Mehlschwitze und Brühe sehr gründlich glattrühren, am besten mit einem Schneebesen.
1–2 Stunden langsam köcheln lassen, bis etwa 1 Liter Suppe bleibt und sie ein glänzendes Aussehen hat. Mit den Gewürzen abschmecken und vor dem Servieren mit den Schnittlauchröllchen bestreuen.
Man kann die Suppe mit gerösteten Weckschnitten auftragen und zur Verfeinerung noch 4 Esslöffel süße oder saure Sahne unterziehen.

Schneckensüpple

2 Dutzend küchenfertige Weinbergschnecken
1 TL Schalotten, fein gehackt
1 TL gelbe Rüben, fein gehackt
1 TL Lauch, fein gehackt
2 Knoblauchzehen, zerdrückt
50 g Butter
3/4 l Kalbs- oder Hühnerbrühe
1/4 l Sahne
Salz, Pfeffer, Muskat
0,1 l trockener Weißwein
2 Scheiben Weißbrot, entrindet
etwas Butter
Schnittlauchröllchen

Die Schnecken in Scheiben schneiden und zusammen mit den Schalotten, dem Gemüse und dem Knoblauch in der Butter dünsten. Mit Brühe und Sahne ablöschen und 10 Minuten köcheln lassen. Mit den Gewürzen abschmecken und den Wein angießen, nochmals kurz aufkochen. Weißbrot in Würfel schneiden und in etwas Butter leicht anrösten.

Die Suppe in vorgewärmte Tassen füllen, die „Kracherle" darüber streuen, mit Schnittlauch garnieren.

Noch feiner wird das Schneckensüpple, wenn man es kurz vor dem Servieren mit 1–2 Eigelb legiert.

Rahmsuppe

2 trockene Wecken
1 1/2 l kaltes Wasser
1 TL Salz
1/4 l Milch
125 g süßer Rahm
(süße Sahne)

Die Wecken in dünne Scheiben schneiden, mit kaltem Wasser, Salz und Milch aufsetzen, zugedeckt bei schwacher Hitze ca. 10 Minuten kochen. Mit einem Schneebesen zu einem glatten Brei verrühren oder durch ein Sieb treiben.

Die Suppe nochmals zum Kochen bringen und vor dem Anrichten mit dem Rahm abrühren.

Als Einlage kann man „gebähte" Weckschnitten reichen.

Eine köstliche Variante der Rahmsuppe erhält man, wenn man Spätzle oder Knöpfle zubereitet. Man bewahrt ca. 1 Liter des (nicht zu salzigen) Kochwassers auf, in dem noch Teigwaren schwimmen und gibt Milch und genügend Rahm zu. Geröstetes Weißbrot braucht es dazu nicht.

Tomatensuppe

1 kg gut reife Tomaten
40 g Butter
1 Zwiebel
1 Knoblauchzehe
1 EL Mehl
1 l Brühe
Salz, Pfeffer, Zucker
50 g Reis
1 Bund Petersilie,
fein verwiegt

Tomaten waschen und vierteln. Zwiebel und Knoblauch klein schneiden und in der Butter andünsten. Die Tomaten zugeben, weitere 5 Minuten dünsten und dann mit dem Mehl bestreuen. Mit der Brühe auffüllen und ca. 15 Minuten bei schwacher Hitze kochen.

Die Suppe passieren und wieder zum Kochen bringen. Reis ein streuen, umrühren und bei schwacher Hitze ca. 20 Minuten gar quellen.

Mit Salz, Pfeffer und etwas Zucker abschmecken, vor dem Servieren mit der Petersilie bestreuen.

KARTOFFELSUPPE MIT *KRACHERLE*

800 g mehlig kochende Kartoffeln
2 Zwiebeln
1 gelbe Rübe
1 Stange Lauch
1/2 Sellerieknolle
50 g Butter
1 l kräftige Fleischbrühe
Salz, weißer Pfeffer
100 g saure Sahne
2 Scheiben Weißbrot, entrindet
1 TL gerebelter Majoran
Schnittlauchröllchen

Kartoffeln schälen und würfeln, Zwiebeln fein schneiden. Suppengemüse putzen und in Stücke schneiden.
Die Hälfte der Butter in einem Suppentopf erhitzen. Zwiebelwürfel gut glasig dünsten, mit der Brühe ablöschen. Kartoffeln und Suppengemüse zugeben und 20 Minuten kochen lassen. Die Suppe durch ein Sieb passieren oder durch die „Flotte Lotte" drehen.
Weißbrot in Würfel schneiden und in der restlichen Butter goldbraun rösten. Herausnehmen und leicht salzen.
Die Suppe nochmals erhitzen, saure Sahne unterrühren, mit Salz, Pfeffer und Majoran abschmecken.
Vor dem Servieren mit den Brotwürfelchen (Kracherle) und den Schnittlauchröllchen bestreuen.

BOHNENSUPPE MIT SPECK

300 g weiße Bohnen
40 g Schweineschmalz
1 kleine Zwiebel, fein geschnitten
1 EL Mehl
400 g geräucherter Schwarzwälder Speck in dicken Scheiben
1 l Gemüsebrühe
Salz, Pfeffer
1 Prise Muskat

Bohnen am Vortag verlesen, waschen und über Nacht einweichen. Zwiebel im Fett andünsten, mit Mehl bestäuben. Bohnen zugeben, Speck auflegen und mit Gemüsebrühe auffüllen. Alles miteinander ca. 60 Minuten garen.

Erbsensuppe mit Schweinsohren

300 g gelbe getrocknete Erbsen
1 Zwiebel, geschält
1 gelbe Rübe
1–2 Lorbeerblätter
1 gesalzenes Schweinsohr (oder 1 gesalzener Schweinsrüssel)

Die über Nacht eingeweichten Erbsen im Einweichwasser langsam weich köcheln. Unterdessen das Schweinsohr oder den Rüssel mit der ganzen Zwiebel, der gelben Rübe und den Lorbeerblättern in $1\frac{1}{2}$ Liter Wasser ca. 45 Minuten garen und anschließend in kleine Stücke oder Streifen schneiden.
Die Erbsen durch ein Sieb treiben, mit der Kochbrühe des Schweinsohrs auffüllen, das Fleisch dazugeben und die Suppe nochmals ca. 10 Minuten aufkochen.
Statt gelbe Erbsen kann man für die kräftige Suppe auch getrocknete grüne verwenden. Wer kein gepökeltes Schweinsohr bekommt, kann in der fertigen Suppe Würstchen heiß werden lassen. Statt des Kochwassers vom Schweinsohr füllt man die Erbsen dann mit der gleichen Menge Gemüsebrühe auf.

Weisse *Rüble* mit Speck

500 g grüner Bauchspeck
1 kg Steckrüben (Kohlrüben)
2 EL Schmalz
4 EL Zucker
Salz, Pfeffer

Speck in einem halben Liter Wasser weich kochen. Rüble schälen und würfeln. Speck aus der Kochbrühe nehmen, die Rübleswürfel einlegen und weich garen. Den Zucker im erhitzten Schmalz karamellisieren, die Rüble abtropfen lassen, hineingeben und würzen. Speck auflegen, mit ca. 300 ml Wasser auffüllen und alles nochmals erhitzen.
Mit Brägele und grünem Salat servieren.

Kinnbäckle auf Kartoffel-Gelbrübengemüse

1 ½ kg Schweinebäckle (gepökelt und leicht geräuchert)
1 kg Kartoffeln, geschält
1 kg gelbe Rüben
1 Zwiebel
3 Knoblauchzehen
2 Lorbeerblätter
2 EL Öl
Salz, Pfeffer

Gelbe Rüben, Zwiebel und Knoblauch in feine Scheiben schneiden, die Kartoffeln fein würfeln. Zwiebeln und Knoblauch im heißen Öl glasig anschwitzen, Lorbeerblätter, gelbe Rüben und Kartoffeln dazugeben. Die Kinnbäckle auflegen, mit Wasser bedecken und mit Pfeffer würzen. Das Ganze im geschlossenen Topf ca. 90 Minuten köcheln lassen.
Kinnbäckle herausnehmen, Kartoffel-Gelbrübengemüse umrühren und mit Salz nachwürzen. Das Gemüse auf einer vorgewärmten Platte anrichten.
Das Fleisch von den Knochen lösen, in Scheiben schneiden und auf dem Gemüse anrichten.

Verheiratete

200 g Mehl
2–3 Eier
Salz
etwas lauwarmes Wasser
500 g Kartoffeln
1 kleine Zwiebel
1 EL Öl
1 ½ l Gemüsebrühe
Majoran, Muskat
500 g Fleischwurst

Aus Mehl, Eiern, Salz und Wasser einen geschmeidigen Spätzleteig rühren und so lange schlagen, bis er Blasen wirft. Den Teig eine halbe Stunde ruhen lassen.
Die gewaschenen Kartoffeln schälen und würfeln, die Zwiebel klein schneiden. Zwiebel in Öl glasig dünsten, Kartoffelwürfel zugeben und kurz mit anschwitzen. Die Gewürze beigeben und die Brühe angießen. Bei mittlerer Hitze ca. 15 Minuten köcheln, bis die Kartoffeln weich sind.
Den Spätzleteig durch eine Presse in die köchelnde Suppe pressen oder von einem Brett hineinschaben. Die „Verheiratete" sind fertig, wenn die Spätzle an der Oberfläche schwimmen.
Zum Schluss die geschnittene Fleischwurst im Eintopf erhitzen.

Kleine Gerichte, Vesper, Salate

Ein Teller mit frischem, knackigen Salat gehörte schon zu Großmutters Zeiten zu fast jeder Mahlzeit. Der Löwenzahnsalat läutete den Frühling ein, im Reigen der Jahreszeiten folgten Kopf-, Endivien- und Feldsalat.

Welcher nicht des alemannischen Dialekts Mächtige kann wissen, was ihn erwartet, wenn ihm auf südbadischen Bauernmärkten „Seicher" oder „Pissangerli" angeboten wird? Seicher nennt man den Löwenzahn wegen seiner harntreibenden und entwässernden Wirkung. Pissangerli ist eine Verballhornung des französischen Namens Pissenlit, was ganz einfach Bettnässer bedeutet.

Kaum eine Salatsorte, die sich mit so vielen regionalen und poetischen Namen schmücken darf wie der herzhafte und winterharte Ackersalat. Als Feldsalat, Nüsslisalat, Mausöhrle, Rapunzelsalat, Ritscherle und Sonnenwirbele kann man ihn von Herbst bis Frühling auf Märkten und bei Bauern kaufen, oft wird der Salat schon geputzt angeboten.

2

Unverzichtbarer Bestandteil der badischen Küche ist das „Vesper". Auf einem Holzbrett wird es angerichtet und bestimmt heute noch das gastronomische Angebot des Schwarzwalds in Berggasthöfen und Hütten. Über Wacholderglut geräucherter Schinken und Speck dürfen ebenso wenig fehlen wie Hausmacher Blut- und Leberwurst, knusprig gebackenes Holzofenbrot und frische Landbutter. Ein Krug Wein oder Most und ein Schnaps zur Verdauung gehören ebenfalls dazu. „So säumet denn, ihr Freunde nicht, die Würste zu verspeisen! Es reimt sich trefflich: Wein und Schwein, und passt sich köstlich: Durst und Wurst", schwärmte der Spätromantiker Ludwig Uhland im Metzelsuppenlied.

In den Weinbauregionen zwischen Bodensee und Rhein, Tauber und Main wird im Herbst zum „Neuen", „Federweißen" oder „Reißer" der aus der Jahreszeit heraus geborene Zwiebelkuchen aufgetischt. Ob Zwiwwelkueche, Blatz, Blootz, Waije oder Wähe geheißen, am besten schmeckt die Spezialität, wenn sie aus frischen Herbstzwiebeln zubereitet und direkt aus dem Backofen noch warm aufgetischt wird. „...und schafft mir Zwiebelkuchen, sonst werd' ich noch verrückt!", forderte der Pfarrer und Lyriker Eduard Mörike.

Eine besondere Spezialität ist der „Bibbeleskäs", von dem es keine hochdeutsche Schreibweise gibt. Der echte Bibbeleskäs ist ein hausgemachter Rohmilch-Frischkäse, den man nur noch direkt bei Landwirten kaufen kann, die Milchwirtschaft betreiben und ihn selbst herstellen. Steht heutzutage in Gasthäusern Bibbeleskäs auf der Speisekarte, ist es nach Art des Hauses angemachter Quark oder Schichtkäse.

Woher hat er nun seinen Namen? Mit kleinen „Möggele" von dem saftigen Käse fütterten die Bauersfrauen die frisch geschlüpften Küken, die man im alemannischen Sprachraum Bibbele oder Bibbeli nennt. Für die Familie tischten unsere Großmütter den gesunden Käse regelmäßig auf, mit Salz und Schnittlauch oder Kümmel und Zwiebel pikant angemacht, vielleicht noch mit Rahm angereichert. Dazu gab es Gschwellde, wie hierzulande die Pellkartoffeln heißen, und frische Landbutter.

Rahnensalat
Rote Bete

500–750 g Rahnen
1 Zwiebel
1/8 l Essig
Salz, 1 Prise Zucker
1 Lorbeerblatt
1 Nelke
2 Wacholderbeeren
2 EL Öl

Rahnen sorgfältig abbürsten, dabei die Blätter, aber nicht die Wurzeln abschneiden. In Salzwasser je nach Größe 60–90 Minuten kochen, bis sie weich sind. Abschrecken und erst nach dem Erkalten schälen und in Scheiben schneiden.
Zwiebel in Ringe schneiden und abwechselnd mit den Rahnen in eine Schüssel schichten. Essig mit den Gewürzen aufkochen, abseihen und noch heiß über die Rahnen gießen. Das Öl hinzufügen und vorsichtig mischen.
Vor dem Servieren gut durchziehen lassen, nach Belieben mit Kümmel nachwürzen.

Feldsalat
Sonnenwirbele

300 g Sonnenwirbele
1 Zwiebel, fein gehackt
2 EL Essig
3 EL Öl
Salz, Pfeffer
1 TL Senf
1 Prise Zucker
2 Scheiben Weiß- oder Schwarzbrot
etwas Butter
4 Scheiben durchwachsener Speck

Salat putzen, die kleinen Würzelchen abschneiden, dabei die Rosetten möglichst ganz lassen. Gründlich waschen und trocken schleudern. Aus den angegebenen Zutaten eine Salatsoße rühren und mit dem Feldsalat vermischen.
Die Brotscheiben in kleine Würfel schneiden und in Butter rösten.
Speck in feine Streifen schneiden und in einer Pfanne ohne Fett kross braten.
Salat auf großen Tellern portionsweise anrichten, die noch warmen Kracherle und Speckstreifen darüber streuen.

LÖWENZAHNSALAT
Pissangerle

500 g junge Löwenzahnblätter
1 Zwiebel, fein gewürfelt
Salz, Pfeffer
2 EL Essig
2 EL Öl
1 TL Senf
1 Prise Zucker
150 g magerer geräucherter Speck

In einer Salatschüssel aus Zwiebelwürfelchen, den Gewürzen, Essig und Öl eine Salatsoße rühren. Löwenzahnblätter waschen und gut abtropfen lassen. Die Blätter in die Salatsoße geben und mehrmals darin wenden.
Speck in Würfelchen schneiden und in einer Pfanne ohne Fettzugabe knusprig braten. Zusammen mit dem ausgelassenen Fett über den Salat gießen. Vorsichtig mischen und vor dem Servieren ziehen lassen.
Will man den Löwenzahnsalat nicht als Vorspeise, sondern als sättigende Abendmahlzeit servieren, mischt man 1–2 mittelgroße warme Pellkartoffeln unter, die man nach dem Schälen mit einer Gabel zerdrückt. Der Salat sollte lange Zeit vor dem Essen angemacht und leicht warm gehalten werden, das macht die Blätter weicher.

Grüner Bohnensalat

600 g grüne Bohnen
1 Bund Bohnenkraut
1/2 l Gemüsebrühe
1 Bund Lauchzwiebeln
2 Tomaten
2 EL Essig
4 EL Öl
1 TL Senf
Salz, Pfeffer
150 g Schinkenspeck

Bohnen waschen, putzen und schräg in 2 cm lange Stücke schneiden. In der Brühe mit dem Bohnenkraut ca. 15 Minuten garen, abtropfen lassen. Lauchzwiebeln putzen, waschen und in Ringe schneiden. Tomaten klein würfeln.
Aus Essig, Öl, Senf, Salz und Pfeffer eine Salatsoße rühren, mit den Bohnen, Zwiebelringen und Tomatenstücken mischen und 15 Minuten durchziehen lassen.
Schinkenspeck in feine Streifen schneiden, in einer Pfanne ohne Fett langsam ausbraten und noch lauwarm über den Salat geben.

Wurstsalat

500 g Fleischwurst
oder Lyoner
gehackte Zwiebeln
nach Belieben
3 EL Essig
4 EL Öl
1 TL Senf
1 Prise Pfeffer
Blattsalat, Tomaten,
Essiggurken

Die Wurst häuten und in Stäbchen schneiden. In eine Schüssel geben und mit den Zwiebeln vermischen. Essig, Öl, Senf und Pfeffer verrühren, mit der Wurst und den Zwiebeln vermengen, durchziehen lassen.
Auf etwas Blattsalat anrichten, mit Tomatenvierteln und Essiggurkenfächern garnieren.
Variation: Unter die Wurststäbchen in feine Streifen geschnittenen Emmentaler Käse, ein hart gekochtes Ei, Streifen von Essiggurken oder von einem Apfel mischen.

Vesperteller

für 1 Portion

1 Scheibe Hausmacher Leberwurst (fingerdick)
1 Scheibe Hausmacher Blutwurst (fingerdick)
1 Scheibe Schwartenmagen (fingerdick)
1 Scheibe Schwarzwälder Schinken (zentimeterdick)
1 Scheibe Speck (zentimeterdick)

Zur Garnitur:

Zwiebelringe
Tomatenecken
Gurkenscheiben

Alle Zutaten gefällig auf einem großen Holzbrett anrichten. Mit einem herzhaften Holzofenbrot servieren.
Ganz wichtig: einen Schnaps dazu reichen!

Bibbeleskäs

Hausgemachter Rohmilch-Weichkäse

2 l ungekochte und nicht pasteurisierte Frischmilch
2–3 Tropfen Lab (Reformhaus, ersatzweise 1 Naturjoghurt)
2 Zwiebeln, fein gehackt
1 Bund Schnittlauch, fein geschnitten
Salz, Pfeffer, Kümmel

Die auf Zimmertemperatur erwärmte Milch mit Lab oder Joghurt verrühren und zugedeckt an einem warmen Ort 2–3 Tage stehen lassen, damit sie stocken kann. Wenn sie eine joghurtartige Konsistenz erreicht hat, in ein Leinentuch geben und gut ausdrücken, damit Molke und Feststoffe getrennt werden. Den Käse im Tuch in ein Haarsieb geben und dieses über eine Schüssel hängen.
Noch einige Stunden stehen lassen, bis die Molke vollends abgelaufen ist und die Käsemasse trocken, aber nicht fest ist. Den Bibbeleskäs in eine große Schüssel geben, die weiteren Zutaten gut untermischen.
Zum Bibbeleskäs passen Gschwellde (Pellkartoffeln) oder Brägele.

Griebenschmalz

1 kg Flomen (frisches Schweinebauchfett)
1 Zwiebel
1 Apfel
Salz, Pfeffer, Majoran

Das Schweinefett in erbsengroße Stücke schneiden oder durch die grobe Scheibe des Fleischwolfs drehen. Das Fett in einem großen Topf bei niedriger Temperatur auslassen, dabei bilden sich die Grieben. Ab und zu umrühren, damit das Fett nicht anbrennt. Die Grieben sollen braun werden, das Fett soll hell bleiben.
Die Zwiebel klein würfeln, den Apfel schälen und ebenfalls fein würfeln. Zwiebel- und Apfelstückchen im heißen Schmalz kurz mitschmoren, aber nicht dunkel werden lassen.
Das flüssige Schmalz würzen, in Steinguttöpfe füllen und erkalten lassen. Während des Erkaltens mehrmals mit einem Holzlöffel durchrühren, damit sich Zwiebeln, Äpfel und Grieben nicht am Boden absetzen.

Tellersulz

2 Kalbsfüße
(vom Metzger spalten lassen)
$^1/_2$ Schweinskopf
ohne Hirn und Zunge
(beim Metzger vorbestellen)
einige Kalbsknochen
Suppengrün, 2 Lorbeerblätter
10 Pimentkörner,
grob zerstoßen
5 Pfefferkörner,
grob zerstoßen
300 g mageres Schweinefleisch
1 Kalbszüngle
2 gelbe Rüben
2 Eiweiß, leicht geschlagen
$^1/_4$ l Weißwein, 1 Prise Zucker
2 Gewürzgurken, 1 Ei, gekocht
1 Schuss Essig, Salz

Kalbsfüße, Schweinskopf und Knochen waschen. Mit Suppengrün und den Gewürzen in 1 $^1/_2$ l Wasser geben und aufkochen lassen, dabei mehrmals abschäumen. Bei kleiner Hitze 2–3 Stunden köcheln. Nach der halben Zeit das Schweinefleisch und die Kalbszunge zugeben, nach 2 Stunden die gelben Rüben.
Wenn die Fleischteile weich sind, die Brühe abgießen und mit dem Eiweiß verrühren. Nochmals 5 Minuten kochen lassen, um die Brühe zu klären. Durch ein Tuch abgießen, Wein und Zucker zugeben und auf einen halben Liter einkochen.
Schweinefleisch, das Fleisch des Kopfes und die Kalbszunge in Scheiben schneiden und auf 4 große Suppenteller legen. Gelbe Rüben und Gewürzgurken in dekorative Stücke schneiden und dazwischen stecken. Das Ei schälen, in Scheiben schneiden und auf dem Fleisch verteilen. Die Brühe mit etwas Essig säuern und über die Teller gießen, so dass alles bedeckt ist. Die Sulz im Kühlschrank erstarren lassen.

Zwiebelkuchen

Für den Brotteig:
400 g Mehl (Typ 812)
1/2 Würfel Hefe
1 TL Zucker
1/2 l lauwarmes Wasser
1 TL Salz

Für den Belag:
1 1/2 kg Zwiebeln
200 g durchwachsener Speck
3 Eier
1 Becher saure Sahne
2 EL Mehl
Salz, Pfeffer, Muskat
Kümmel

Das Mehl in eine Schüssel sieben, in der Mitte eine Mulde drücken. Hefe in etwas lauwarmem Wasser auflösen, hineingeben und mit dem Zucker zu einem Vorteig verrühren. Mit einem Tuch bedeckt an einem warmen Ort 15 Minuten gehen lassen. Dann Salz und das übrige Wasser dazugeben und so lange kneten, bis der Teig Blasen wirft. Nochmals etwa 30 Minuten gehen lassen, bis der Teig sein Volumen verdoppelt hat.

In der Zwischenzeit die Zwiebeln hobeln oder nicht zu fein würfeln. Den Speck ebenfalls würfeln und in einer Pfanne langsam auslassen. Zwiebeln zugeben und unter häufigem Wenden leicht andünsten (sie müssen hell bleiben). Die Masse abkühlen lassen, mit Salz, Pfeffer und einem Hauch Muskat würzen. Die Eier mit der sauren Sahne und dem Mehl verrühren und untermischen.

Den Teig dünn auswellen und auf ein gefettetes Backblech legen, dabei rundum einen Rand ziehen. Die Zwiebelmasse auf dem Teig verteilen und mit Kümmel bestreuen. Den Kuchen im vorgeheizten Backofen bei 200 °C ca. 20 Minuten backen.

Noch auf dem Blech in Stücke schneiden und heiß servieren.

Winzertorte

250 g gemischtes Hackfleisch
300 g mageres Kalbfleisch
3 EL gehackte Kräuter (Petersilie, Schnittlauch, Kerbel, ...)
2 Zwiebeln, fein geschnitten
1/8 l Weißwein
1 Packung Tiefkühl-Blätterteig (300 g)
Salz, Pfeffer
1/8 l Sahne
3 Eigelb

Das Kalbfleisch in kleine Würfelchen schneiden, mit dem Hackfleisch, den Zwiebeln und den Kräutern mischen. Den Wein, die Sahne und 2 Eigelb einarbeiten, kräftig abschmecken und kühl stellen.

Den aufgetauten Blätterteig zu einer größeren und einer kleineren runden Platte auswellen. Eine Quicheform kalt ausspülen und mit der größeren Platte so auslegen, dass sie am Rand etwas überhängt. Den Fleischteig einfüllen und glatt streichen. Die zweite Teigplatte als Deckel auflegen und mit den Überhängen des Bodens fest zusammendrücken. Luftlöcher in den Teigdeckel stechen und aus den Teigresten Blätter als Verzierung formen und auflegen. Das restliche Eigelb mit etwas Wasser verrühren und die Torte damit bestreichen.

Bei 220 °C 55–60 Minuten goldbraun backen.

Kalt oder warm zum Wein servieren.

Kartoffel-, Mehl- und Eierspeisen

Mehlspeisen sind in der badischen Küche ein Thema mit vielerlei Variationen. Baden ist ein Spätzle- und Nudelland. Handgeschabte Spätzle waren für unsere Großmütter mehr als Teigwaren; Ehrensache, dass man den Teig vom Spätzlebrett ins kochende Wasser schabte.

Im alemannischen Raum sind es die Knöpfle oder Knöpfli – im Markgräflerland und am Hochrhein werden sie zu Chnöpfli – die den Spätzle den Rang abgelaufen haben. Zur Herstellung des Knöpfleteigs verwendet man ausschließlich Mehl, Eier und Salz. Der Spätzleteig braucht zusätzlich noch Wasser, denn er muss dünnflüssiger sein.

Knöpfle presst man mit einem Knöpflehobel portionsweise ins kochende Wasser, oder man treibt sie durch ein Sieb mit großen Löchern. So entstehen die typischen tropfenförmigen Teiggebilde. Von alters her heißt die Hosianna, die 100 Zentner schwere Glocke vom Freiburger Münsterturm, im Volksmund „Knöpflesglocke". Ihr 11 Uhr-Geläut an den Freitagen sollte die Hausfrauen daran erinnern, mit dem Knöpfle machen für das fleischlose Mittagessen zu beginnen.

3

Schier unerschöpflich war die Fantasie unserer Großmütter beim Thema Spätzle: Leberspätzle, Käsespätzle, gebackene Spätzle mit Ei, geschmälzte Spätzle – Seiten ließen sich füllen! Wenn im Frühjahr die Hühner wieder fleißiger zu legen begannen, machten sich unsere Großmütter ans „Nudle". Die selbergemachten „breiti Nudle" gehörten einfach zum Sonntagsbraten. Aus hauchdünn ausgewellten Teigballen wurden sie auf Vorrat hergestellt.

Das Sortiment der sättigenden Beilagen wäre unvollständig ohne die fingerdicken und länglichen Schupfnudeln, deren Bezeichnung „Bubespitzle" oder „Buwespitzle" sich aus ihrer Form erklärt. Ob die Badener sie nun von den Schwaben übernommen haben oder es eher umgekehrt war, wird sich wohl nicht mehr klären lassen. In beiden Küchen sind sie fest verankert, auch wenn man in Baden bei ihrer Herstellung mehr auf die Kartoffel setzt und dem Teig nur so viel Mehl zugibt, dass er nicht zerfällt. Und damit wären wir bei der Kartoffel. Die nahrhafte Knolle hat in der badischen Küche ihren festen Platz, denn sie taugt zu vielerlei. Kaum eine Frucht in Deutschland hat mehr Namen als die Kartoffel. Volkstümlich wird sie Bodebiere, Grumbiere oder Grumbere genannt, auch als Erdäpfel oder Herdäpfel werden die kalorienarmen Vitaminspender bezeichnet.

In „Die Räuber" ließ Friedrich Schiller Franz Mohr sagen: „In meinem Gebiet soll's so weit kommen, dass Kartoffeln ... ein Traktament für Festtage werden". Auch dem volkstümlichen Lyriker Matthias Claudius war die Kartoffel ein Loblied wert: „Schön rötlich die Kartoffeln sind und weiß wie Alabaster! Sie däu'n (verdauen) sich lieblich und geschwind, und sind für Mann und Weib und Kind, ein rechtes Magenpflaster".

An Hand der „Verheirateten" soll einmal ein Vater seinem Sohn den Begriff Koexistenz anschaulich erklärt haben: Kartoffeln und Spätzle, die sonst nicht zusammen passen und sich in diesem bodenständigen Gericht doch wunderbar vertragen.

Rahmkartoffeln

1 kg festkochende Kartoffeln
50 g Butter
75 g Mehl
1/4 l Milch
1/2 l Fleischbrühe
1 TL Salz
1/8 l Rahm
1 TL Petersilie, fein gehackt

Kartoffeln schälen und in messerrückendünne Scheiben schneiden. In so viel Salzwasser, dass sie gerade bedeckt sind, nicht ganz weich kochen.

Aus Butter, Mehl, Milch, Fleischbrühe und Salz einen weißen Butterbeiguss bereiten und gut durchkochen. Die Kartoffeln abschütten und in den Beiguss geben. Kurz vor dem Auftragen den Rahm unterziehen und die Petersilie darüber streuen.

Als Beilage zum Samstagssiedfleisch, zusammen mit Rahnensalat und süßsauren Kürbissen servieren.

Saure *Kartoffelblättle*

1 1/2 kg mehlig kochende Kartoffeln
50 g Fett
75 g Mehl
3/4 l Fleischbrühe
1 TL Salz
1–2 EL Essig
1 Zwiebel, halbiert
2 Nelken
1 Lorbeerblatt

Die Kartoffeln fast ganz gar kochen, noch warm schälen und in Blättle (Scheiben) schneiden. Das Mehl im heißen Fett goldbraun rösten, mit etwas Fleischbrühe ablöschen. Die restliche Brühe angießen, Essig und die Gewürze zugeben und den Beiguss ca. 30 Minuten gut durchkochen. Zwiebel, Lorbeerblatt und Nelken entnehmen.

Die Kartoffelblättle dem braunen Beiguss zugeben und vollends weich dämpfen. Nach Belieben noch mit etwas Essig abschmecken. Die sauren Kartoffelblättle müssen pikant säuerlich schmecken.

Kartoffelpfludde

800 g Kartoffeln
100 g Mehl
1–2 Eier
1/4 l Milch
Salz, Pfeffer, Muskat
4 Scheiben Weißbrot
wenig Butter
100 g Rahm

Die Kartoffeln in der Schale abkochen, noch heiß schälen und durch die Kartoffelpresse treiben. Die Milch erhitzen und zusammen mit dem Mehl, den verquirlten Eiern und den Gewürzen zu den Kartoffeln geben und alles gut durchmischen. Die Masse muss gut fest sein.

Aus der Kartoffelmasse mit zwei Esslöffeln eigroße längliche Klöße abstechen und diese in kochendem Salzwasser ca. 5 Minuten garen. Abtropfen lassen und auf einer erwärmten Platte anrichten.

Weißbrot in Würfel schneiden und in der Butter anrösten. Die Kracherle über die Pfludden streuen. Zum Schluss den Rahm erhitzen und über das Ganze gießen.

Brühkartoffeln

Bouillonkartoffeln

1 kg festkochende Kartoffeln
je 100 g gelbe Rüben,
Sellerie, Lauch
1 EL Butter
1/2 l Fleischbrühe
2 EL Petersilie, gehackt

Kartoffeln, gelbe Rüben, und Sellerie schälen und würfeln, Lauch in Ringe schneiden. Das Gemüse in der Butter anschwitzen, Kartoffeln zugeben. Mit Fleischbrühe bedecken und weich garen.

Mit Petersilie bestreuen, als Beilage zu Ochsenfleisch reichen.

Brägele

Bratkartoffeln

1 kg am Vortag gekochte Kartoffeln
40 g Butterschmalz
1 Zwiebel
Salz, Pfeffer, Paprika

Die Kartoffeln schälen und in 3–5 mm dicke Scheiben schneiden, Zwiebel fein hacken. In einer weiten Eisenpfanne die Hälfte des Fetts erhitzen und nur so viele Kartoffelscheiben einfüllen, dass sie nicht übereinander liegen. Wenn die Scheiben knusprig gebraten sind, wenden, die Hälfte der Zwiebelwürfel zugeben und mitbraten, ohne dass sie schwarz werden.

Die fertigen Brägele warm halten, die anderen Kartoffelscheiben auf die gleiche Art braten. Zuletzt alle Brägele mischen, würzen und sehr heiß servieren.

Kartoffelsalat

1 kg festkochende Kartoffeln
1 große Zwiebel
Salz, Pfeffer
2 EL Essig
3 EL Öl
1 Tasse heiße Gemüse- oder Fleischbrühe
2 EL Schnittlauchröllchen

Kartoffeln kochen, vor dem Schälen abkühlen lassen, damit sie beim Zerschnippeln nicht zerfallen. In dünne Scheiben schneiden. Zwiebel in sehr feine Würfel schneiden und zu den Kartoffeln geben.

Salzen, pfeffern und mit dem Essig gut durchmischen. Die heiße Brühe darüber gießen und mindestens eine halbe Stunde gut durchziehen lassen, dabei den Kartoffelsalat mehrmals umheben. Zum Schluss das Öl untermischen und mit den Schnittlauchröllchen bestreuen.

Gibt man zum Kartoffelsalat knusprig gebratene Speckwürfelchen, verwendet man das ausgelassene Speckfett und reduziert dafür die Ölmenge.

Schupfnudeln
Buwespitzle

1 kg mehlige Kartoffeln
1–2 Eier
4–6 gehäufte EL Mehl
Salz, Pfeffer, Muskat
Mehl zum Formen
Butterschmalz oder
Schmalz zum Braten

Kartoffeln in der Schale kochen. Abkühlen lassen, schälen und durch eine Kartoffelpresse drücken. Eier, Salz und Muskat hinzufügen, alles zu einem festen, gut formbaren Teig verarbeiten. Durchkneten, eine Rolle formen und davon kleine Portionen abschneiden. Diese auf einem bemehlten Backbrett zu zigarrenlangen und fingerdicken Nudeln rollen (schupfen), die Enden spitz zulaufen lassen.
In siedendem Salzwasser 8–10 Minuten gar ziehen lassen. Wenn die Nudeln an die Oberfläche kommen, mit dem Schaumlöffel herausnehmen und gut abtropfen und erkalten lassen. In reichlich Fett bei guter Hitze knusprig braun braten.
Es empfiehlt sich, zunächst eine Probenudel zu kochen. Zerfällt diese, noch etwas Mehl unter die Kartoffelmasse kneten.

Kartoffel-Kastanienküchle

500 g Kartoffeln
500 g Kastanienkerne
1 Ei
Salz, Pfeffer
Thymian, Muskat
4 EL Butterschmalz
bei Bedarf etwas Weckmehl

Kartoffeln am Vortag schälen, kochen, zerstampfen und kühl stellen. Kastanien weich kochen, abziehen, zerdrücken und unter die Kartoffeln mischen. Die Masse mit Ei und Gewürzen vermengen. Falls sie zu weich ist, etwas Weckmehl dazugeben.
Flache Küchlein formen und im heißen Butterschmalz braten.

Nudeln

- 500 g Mehl
- 1 TL Salz
- 5 große Eier
- 2 EL Butter
- 2 EL Weckmehl

Das Mehl auf ein Backbrett sieben und mit dem Salz vermischen. In die Mitte eine Vertiefung drücken und die Eier hineinschlagen. Mit bemehlten Händen so lange bearbeiten, bis der Teig beim Durchschneiden kleine Löchlein zeigt.

Den Nudelteig in eigroße Stücke teilen, einen Teil auf dem Brett lassen, die übrigen zwischen zwei Teller legen, damit sie nicht austrocknen. Das erste Teigstück nochmals durchkneten und von der Mitte her gleichmäßig so dünn ausrollen, dass man durch den Kuchen die Holzfasern des Bretts erkennen kann. Die Platte zum Abtrocknen auf ein Tuch legen, mit den anderen Teigstücken der Reihe nach ebenso verfahren.

Sobald die Nudelkuchen fast trocken sind, diese wie eine Zigarre zusammenrollen und von der Rolle 1 cm breite Streifen abschneiden. Zum Auflockern auseinander schütteln und nochmals gut trocknen.

Die Nudeln in kochendem Salzwasser ca. 8 Minuten garen. Abschütten, abtropfen lassen und vor dem Servieren mit in Butter geschmälztem Weckmehl bestreuen.

Knöpfle

400 g Mehl
6–8 Eier
1 TL Salz
zum Abschmälzen 30 g Butter
und 1 EL Weckmehl

Das Mehl in eine Schüssel sieben, mit Eiern und Salz zu einem zähflüssigen Teig verrühren und so lange schlagen, bis er Blasen wirft. Den Teig für kurze Zeit ruhen lassen.

In einem hohen Topf ca. 4 Liter Salzwasser zum Kochen bringen. Den Teig portionsweise mit einem Knöpflehobel oder durch ein Sieb mit runden Löchern ins sprudelnde Wasser treiben. Die Knöpfle sind gar, wenn sie an die Oberfläche steigen. Mit einem Schaumlöffel herausnehmen und kurz in kaltem Wasser schwenken, damit sie nicht zusammen kleben. Gut abtropfen lassen und auf einer vorgewärmten Platte warm halten, bis alle Portionen fertig sind.

Weckmehl und Butter leicht anbräunen und über die Knöpfle geben.

Verfügt man weder über einen speziellen Hobel oder das richtige Sieb, muss man dennoch auf die Knöpfle nicht verzichten. Man sticht dann mit einem Teelöffel knapp haselnussgroße Klößchen (Knöpfle) ab, lässt sie ins kochende Wasser gleiten und verfährt weiter wie oben beschrieben.

Spätzle

500 g Mehl
4–5 Eier
1 TL Salz
1/8 – 1/4 l Wasser

Mehl, Eier und Salz rasch verrühren und so viel Wasser zugeben, dass ein glatter Teig entsteht. Mit einem Holzlöffel so lange schlagen, bis er Blasen wirft. Den Teig eine kurze Zeit ruhen lassen. Salzwasser zum Kochen bringen. Eine kleine Portion des Teigs auf ein angefeuchtetes Brettchen streichen und mit einem breiten Messer dünne Streifen ins kochende Wasser schaben. Versierte Spätzlemacherinnen bedienen sich eines speziellen, vorn abgeschrägten Spätzlebretts und eines besonderen Schabers, für weniger Geübte gibt es Spätzlepressen.
Die Spätzle mit einer Schaumkelle herausnehmen, wenn sie an der Oberfläche schwimmen und kurz in kaltem Wasser schwenken. Die fertigen Spätzle gut abtropfen lassen und auf einer vorgewärmten Platte anrichten.
Nach Belieben mit in Butter geschmälztem Weckmehl oder braun gerösteten Zwiebelringen bestreuen.

Brennnesselspätzle

500 g Mehl (Typ 550)
1 Handvoll frische junge Brennnesseltriebe
8 Eier
1 TL Salz
etwas Muskat
2 EL Butter
ca. 1/4 l Wasser

Mehl in eine Schüssel sieben. Brennnesselblätter von den Stielen zupfen, gründlich waschen und trocken tupfen. Brennnesseln zusammen mit den Eiern pürieren und mit den Gewürzen zum Mehl geben. So viel Wasser zugeben, dass ein geschmeidiger Teig entsteht. Den Teig so lange schlagen, bis er Blasen wirft, anschließend eine halbe Stunde ruhen lassen.
Reichlich Salzwasser zum Kochen bringen, die Spätzle portionsweise vom Brett ins kochende Wasser schaben oder durch eine Spätzlepresse drücken. Nochmals aufkochen lassen, mit einer Schaumkelle herausheben, wenn sie oben schwimmen. Kurz in kaltes Wasser legen und in einem Sieb abtropfen lassen.
Die Spätzle vor dem Servieren in heißer Butter schwenken.

Kratzete

250 g Mehl
4 Eier, getrennt
1 TL Salz
knapp 1/2 l Milch
Butterschmalz zum Backen
reichlich Butterflöckchen

Das Mehl mit Salz und Milch verrühren. Eigelb sorgfältig untermischen. Eiweiß zu steifem Schnee schlagen und vorsichtig unter den Teig heben.

Butterschmalz in einer weiten Pfanne erhitzen, einen Teil des Teigs einfüllen und zu einem Pfannkuchen ausbacken. Ist die Unterseite gestockt, den Pfannkuchen wenden. Nach knapp einer Minute mit zwei Gabeln oder Bratschaufeln in 2–3 cm große Stücke reißen (kratzen), dabei die Stücke immer wieder wenden, bis sie recht knusprig gebacken sind und goldbraune Ränder haben. Auf einer Platte zugedeckt im Ofen warm halten, den restlichen Teig auf die gleiche Weise backen.

Strübli

Sträubchen, Strauben

300 g Mehl
200 ml Milch
1 Prise Salz
3–4 Eier
60 g zerlassene Butter
Backfett

Unter das gesiebte Mehl Milch, Salz, Eier und zuletzt die zerlassene Butter rühren. Das Backfett in einer großen Pfanne erhitzen. Einen Teil des Teigs in einen Trichter (es gibt spezielle Strübli-Trichter) oder in einen Spritzbeutel füllen und ihn schneckenförmig gewunden so in das heiße Fett einlaufen lassen, dass der äußere Kreis einen Durchmesser von 12–14 cm hat. Die Strübli auf beiden Seiten goldgelb ausbacken und auf Brotscheiben oder Küchenkrepp entfetten.

Heckenbrunnenpfad

Gemüsegerichte

4

Schon unsere Großmütter wussten Gemüse als gesunde Vitaminspender zu schätzen, und da Baden über weite Strecken einer Gartenlandschaft gleicht, hatte man vieles leicht zur Hand. Auch damals hatte jede Jahreszeit ihre preiswerten und ihre teuren Gemüsesorten; am reichhaltigsten deckte die Natur den Tisch im Sommer.

Kohl, das preisgünstige und vielseitige Gemüse für alle Tage, war das ganze Jahr über erhältlich. Vor allem schätzte man Rot- und Weißkraut und den krausen Wirsing, den geschmacklich feinsten aller Kohlköpfe. „Rosenkohl und Wirsing war im Winter billig, das konnte man jedes zweimal in der Woche essen, so kam man mit wenig Geld aus", schrieb 1930 Anna Schieber in ihren Geschichten über die damalige karge Zeit.

Bohnen, Erbsen, Blumenkohl, gelbe Rüben, Mangold, ... – die Liste aller verfügbaren Gemüsesorten zu Großmutters Zeiten ist lang. Unverzichtbarer Bestandteil des badischen Gründonnerstagsessens war der erste zarte Spinat. Der Frühling war und ist Spargelzeit. Mit frischem Spargel aus dem eigenen Garten erfreute der Dichterfürst Johann Wolfgang von Goethe seinerzeit Charlotte von Stein. „Der Frau von Stein schicke ja von Zeit zu Zeit etwas Spargel", schrieb er im Mai 1797 an seine Gattin Christiane.

Einen hohen Stellenwert räumte man der Schwarzwurzel ein, dem besonders gesunden und wertvollen Pfahlwurzelgemüse. Weil sie geschält dem Spargel ähnelt, nannte man sie auch Winterspargel. Der herb-würzige Geschmack macht den etwas schwierigen Umgang mit den Wurzeln wieder wett.

Sauerkraut stammt ebenfalls aus den Urzeiten der badischen Küche. „Ein Deutscher hat's zuerst gebaut, drum ist's ein deutsches Essen", belehrte uns Ludwig Uhland. Über den richtigen Umgang mit dem vielfältig verwendbaren gesunden Klassiker wusste auch Wilhelm Busch Bescheid. Ließ er doch Witwe Bolte mit einem Teller in den Keller steigen, ... „damit sie von dem Sauerkohle, eine Portion sich hole, wofür sie besonders schwärmt, wenn er wieder aufgewärmt".

Noch bis zur Mitte des letzten Jahrhunderts war es in ländlichen Haushalten Brauch, neben weißen Rüben und Ständlebohnen sein eigenes Sauerkraut in der „Stande" im Keller zu haben. Im Herbst zog der „Kruttschnieder" durch die Gegend und hobelte die großen Köpfe. Mit Salz und etwas Zucker gemischt wurde das Kraut dann in den großen Tontopf hineingestampft und gedrückt. Im kühlen Keller musste es etwa 6–8 Wochen gären, bis es fertig war zum Verzehr. „Sei mir gegrüßt mein Sauerkraut, hochselig sind deine Gerüche", schwärmte der satirische Lyriker Heinrich Heine Mitte des 19. Jahrhunderts in seiner Wahlheimat Paris über „der Deutschen liebstes Gericht".

Spinatpudding

750 g frischer Spinat
60 g Butter
1 EL Zwiebel, fein geschnitten
1 EL Petersilie, fein gewiegt
4 trockene Brötchen
3 Eier, getrennt
Salz, Muskat

Den Spinat verlesen, von den Stielen befreien, klein hacken und in der heißen Butter mit den Zwiebelwürfeln und der Petersilie 5 Minuten dämpfen.
Unterdessen die Brötchen einweichen, ausdrücken und verzupfen. Dem Spinat beigeben und weitere 5 Minuten mitdämpfen. Salz, Muskat und Eigelb unterziehen. Das Eiweiß steif schlagen und vorsichtig unterheben.
Eine große Stoffserviette kurz in kochendes Wasser tauchen und mit Butter bestreichen. Die Masse einfüllen und die Serviette zubinden, dabei genügend Platz für das Aufgehen des Puddings lassen. Den Pudding eine Stunde lang in Salzwasser kochen und danach aufbinden. Vor dem Auftragen in Scheiben schneiden.
Nach Belieben kann man den Spinatpudding mit fein verwiegtem Schinken oder geriebenem Käse bestreuen, eine leichte Buttersoße sollte man auf jeden Fall dazu reichen.

Stangenspargel mit Sauce Hollandaise

2 kg weißer Spargel
je 1/2 TL Salz und Zucker
200 g Butter
4 Eigelb
50 ml Weißwein
1 Spritzer Zitronensaft

Den Spargel von den Köpfen zu den Enden hin schälen, dabei die holzigen Endstücke abschneiden. Je 500 g Spargel mit Küchengarn zusammenbinden. Reichlich Wasser mit Zucker und Salz aufkochen, die Spargelbündel hineingeben und zugedeckt bei mittlerer Hitze ca. 15–20 Minuten gar ziehen lassen. Der Spargel muss noch bissfest sein. Die Spargelbündel mit einer Schaumkelle aus dem Wasser heben, abtropfen lassen und das Garn entfernen. Die Spargelstangen auf einer vorgewärmten länglichen Platte so anrichten, dass alle Köpfchen in eine Richtung zeigen. Mit einer Serviette abdecken und sofort auftragen.

Für die Hollandaise die Butter bei mittlerer Hitze kochen, bis die Molke leicht bräunlich wird und sich am Boden absetzt. Die flüssige Butter durch ein mit einem Tuch ausgelegtes Sieb filtern und auffangen. Eigelb, Wein und Zitronensaft in einer Schüssel über dem heißen Wasserbad dicklich aufschlagen, die Butter in dünnem Strahl unterrühren.

Mit gekochtem Schinken, neuen Kartöffele oder Kratzete servieren.

Mangoldgemüse

750 g Mangoldblätter
mit Stielen
1 Zwiebel, fein gewürfelt
4 EL Butter
Salz, Pfeffer, Muskat, Zucker
2 EL saure Sahne
5 EL Weckmehl

Mangold waschen, Blattgrün von den Stielen und dicken Rippen abschneiden. Haut und Fäden abziehen, Stiele und Rippen in 5 cm lange Streifen schneiden. Die Stücke mit 1 Esslöffel Butter und etwas Wasser einige Minuten dünsten, mit Salz, Zucker und Muskat würzen, gut abtropfen lassen und warm halten.

Etwa 2 Handvoll des Mangoldgrüns grob hacken. 1 Esslöffel Butter zerlassen, Zwiebelwürfel darin glasig schwitzen, Mangoldgrün zugeben und zugedeckt 5 Minuten dünsten. Zuletzt die saure Sahne unterrühren und mit Pfeffer abschmecken.

Die restliche Butter zerlassen und das Weckmehl darin goldbraun braten. Die weißen Stiel- und Rippenstreifen mit dem Mangoldgrün auf einer vorgewärmten Platte anrichten und mit den Butterbröseln bestreuen.

Wirsinggemüse

1 kleiner Kopf Wirsing
1 große Zwiebel, fein gewürfelt
1 Knoblauchzehe, fein gehackt
30 g Butter
100 ml Milch
100 ml süße Sahne
Salz, Pfeffer, Muskat

Den Wirsing entblättern und die Blätter in feine Streifen schneiden, dabei den Strunk entfernen. Zwiebel- und Knoblauchwürfel in der zerlassenen Butter glasig schwitzen, die Wirsingstreifen dazugeben und kurz mitdünsten. Milch und Sahne darüber gießen, mit Salz, Pfeffer und Muskat würzen. Im geschlossenen Topf bei mittlerer Hitze ca. 15 Minuten garen, dabei mehrmals umrühren. Vor dem Servieren nochmals abschmecken.
Abwandlung: Eine geschälte und in Würfel geschnittene Kartoffel zusammen mit dem Wirsing garen, vor dem Servieren das Gemüse fein pürieren.

Wirsingköpfle

1 Kopf Wirsing
Salz, Pfeffer, Koriander
1/4 l Gemüsebrühe
4 EL Butter
1 EL saure Sahne

Vom Wirsing die äußeren schlechten Blätter entfernen. 12 Blätter vom Wirsingkopf lösen, die dicken Rippen herausschneiden, die Blätter ca. 5 Minuten in kochendem Salzwasser blanchieren. Rest des Wirsings in feine Streifen schneiden, in 3 Esslöffel Butter weich dünsten und mit Pfeffer und Koriander abschmecken.
Die Wirsingblätter nach dem Blanchieren abtropfen lassen und auslegen. Auf jedes Blatt 3 Esslöffel Wirsingstreifen geben, zu Kugeln formen und mit Hilfe eines Küchentuchs gut ausdrücken.
Eine feuerfeste Form mit der restlichen Butter ausfetten, die Köpfle einlegen und die Brühe angießen. Saure Sahne mit Pfeffer würzen und die Köpfle damit überziehen. Im Backofen bei 200 °C 15 Minuten überbacken.

Rosenkohl

1 kg Rosenkohl
Salz
80 g Butter
2 EL Petersilie, gewiegt

Rosenkohl waschen, putzen und, wenn nötig, von den äußeren schlechten Blättern befreien. Die Rösle am Strunk kreuzweise einschneiden, in wenig Salzwasser 10 Minuten kochen und gut abtropfen lassen.

Die Butter in einem weiten Topf zerlassen, den Rosenkohl zugeben und unter vorsichtigem Umschütteln nochmals 5 Minuten dämpfen, die Röschen müssen ganz bleiben.

Zum Anrichten mit der gewiegten Petersilie bestreuen.

Schwarzwurzeln

750–1000 g Schwarzwurzeln
1 EL Essig
Salz, Pfeffer, Zitronensaft
60 g Butter
30 g Mehl
1/8 l Milch
1/8 l Sahne
100 g geriebener Käse
3 EL Weckmehl

Schwarzwurzelstangen unter fließendem Wasser gründlich schaben und sofort in Essigwasser legen, damit sie weiß bleiben. In schwach gesalzenem Wasser mit einem Spritzer Zitronensaft 20–30 Minuten gar kochen.

Die Hälfte der Butter in einem Topf zerlassen, mit Mehl bestäuben und unter ständigem Rühren Milch und Sahne angießen.

Eine Auflaufform mit etwas Butter ausfetten, die Schwarzwurzeln einschichten und die Soße darüber gießen. Mit dem geriebenen Käse bestreuen, das Weckmehl darauf verteilen und die restliche Butter in Flöckchen aufsetzen. Im Backofen bei 180 °C 30–40 Minuten überbacken.

Als Beilage zu einem Kartoffelgericht und einem Braten servieren.

1 kg Lauch
6 EL Butter
4 EL Mehl
250 g gekochter Schinken in dicken Scheiben
1 Tasse Fleischbrühe
1/4 l süße Sahne
Salz, Pfeffer, Muskat
100 g geriebener Käse

Die grünen Blätter von den Lauchstangen weitgehend abschneiden und für eine Suppe verwenden. Die weißen Teile gründlich säubern und in Salzwasser ca. 10 Minuten fast weich kochen. Herausnehmen und abtropfen lassen. Die Stangen in 5 cm lange Stücke schneiden, dicke Stangen eventuell halbieren.
Eine feuerfeste Form mit 1 Esslöffel Butter ausstreichen, die Hälfte der Lauchstücke darauf verteilen. Den Schinken würfeln und die Hälfte über den Lauch streuen. Die restlichen Lauchstücke auflegen und mit dem Rest der Schinkenwürfel bestreuen.
Aus 3 Esslöffel Butter und dem Mehl eine helle Einbrenne bereiten. Mit der Fleischbrühe ablöschen und die Sahne angießen. Die Soße mit Salz, Pfeffer und Muskat würzen und über den Lauchauflauf gießen. Mit dem Käse bestreuen und die restliche Butter in Flöckchen darauf verteilen.
Den Auflauf im Backofen bei ca. 200 °C 45–50 Minuten garen, bis die Oberfläche hellbraun ist.

Krautwickel

- 1 Weißkrautkopf
- 750 g Hackfleisch
- 2 altbackene Brötchen
- 2 Eier
- 1 TL Salz
- 1 Prise Pfeffer
- 1 EL gedämpfte Zwiebel
- 1 EL gedämpfte Petersilie
- 60 g Butterschmalz
- 1/8 l Fleischbrühe

Den Krautkopf von den äußeren schlechten Blättern befreien. Die großen Blätter vorsichtig lösen, die dicken Rippen etwas abschneiden und die Blätter in sprudelndem Salzwasser 3–5 Minuten kochen. Zum Erkalten einzeln auf ein Wellbrett legen. Die kleinen Blätter weich kochen und fein zerhacken.

Brötchen in Wasser einweichen, ausdrücken und verzupfen. Mit Hackfleisch, Eiern, Gewürzen und dem gehackten Kraut gut vermengen. Von dieser Masse auf ein halbiertes großes oder auf ein kleineres ganzes Krautblatt je 1 Esslöffel voll geben, das Blatt zusammenwickeln und die Enden gleichmäßig abschneiden. Die abgeschnittenen Reste mit der Fülle in das nächste Blatt wickeln.

Die Krautwickel im heißen Butterschmalz von allen Seiten anbraten, mit der Fleischbrühe aufgießen und 1 Stunde bei mittlerer Hitze dünsten.

Dazu schmecken Salzkartoffeln, Tomatensoße und grüner Salat.

Rotkraut mit Kastanien

1 kleiner Kopf Rotkraut
40 g Gänse- oder Schweineschmalz
1 große Zwiebel, fein gewürfelt
2 säuerliche Äpfel (z.B. Boskop)
1/4 l Rotwein
1 EL Rotweinessig
2 Lorbeerblätter
6 Wacholderbeeren
3 Gewürznelken
1 kleine Stange Zimt
Zucker, Salz, Pfeffer
Butter
200 g Kastanienkerne, geschält und gekocht
2 EL Johannisbeergelee

Vom Rotkraut die äußeren schlechten Blätter entfernen. Den Kopf vierteln, das Rotkraut fein hobeln oder in feine Streifen schneiden, dabei den Strunk entfernen. Die Zwiebel im Schmalz mit 1 Teelöffel Zucker anschwitzen, das Rotkraut zugeben und kurz mitdünsten. Rotwein und Essig angießen. Die Äpfel schälen und achteln, dabei das Kernhaus ausschneiden, Apfelstücke untermischen.
Die Gewürze in ein Säckchen geben und in das Kraut legen. Salzen, pfeffern und das Rotkraut bei milder Hitze ca. 45 Minuten garen.
Die Kastanien in Butter und Zucker glasieren, 15 Minuten vor Ende der Garzeit zum Rotkraut geben. Das Johannisbeergelee unterrühren. Das Kraut vor dem Servieren nochmals abschmecken und das Gewürzsäckchen entfernen.

Sauerkraut

1 kg mildes Sauerkraut
1 Zwiebel, gewürfelt
60 g Gänse- oder Schweineschmalz
1/2 l Wein, Most oder Apfelsaft
5 Wacholderbeeren
1 Lorbeerblatt
1 Apfel, in feine Scheiben geschnitten
2 Kartoffeln, geschält

Die Zwiebelwürfel im heißen Schmalz glasig dünsten. Das Sauerkraut mit zwei Gabeln auflockern und dazu geben. Mit der Flüssigkeit ablöschen.
Apfelscheiben, Wacholderbeeren und Lorbeerblatt untermischen und das Sauerkraut bei mittlerer Hitze im geschlossenen Topf 45 Minuten leicht kochen lassen, das Kraut soll noch Biss haben. Die rohen Kartoffeln kurz vor Ende der Garzeit zur Bindung unter das Kraut reiben.

Schlachtplatte mit Sauerkraut

800 g Sauerkraut
50 g Schweine- oder Griebenschmalz
1 Zwiebel, gewürfelt
1/8 l Weißwein
1/8 l Apfelsaft
2 Lorbeerblätter
5 Wacholderbeeren
je 1 Prise Salz, Kümmel und Zucker
1 Apfel, in feine Scheiben geschnitten
4 kleine Leberwürste (à 70–80 g)
4 kleine Blutwürste (à 70–80 g)
400 g frischer Bauchspeck

Die Zwiebel im heißen Schmalz hell anschwitzen. Das Sauerkraut zugeben, mit zwei Gabeln auflockern und einige Minuten mitdämpfen. Wein und Apfelsaft angießen, die Gewürze und die Apfelscheiben zugeben und ca. 20 Minuten dämpfen.
Bauchspeck auflegen und weitere 20 Minuten köcheln lassen, dabei mehrmals umrühren. Zum Schluss die Blut- und Leberwürste vorsichtig dazu geben und nochmals 15 Minuten bei offenem Deckel ziehen lassen. Die Würste dürfen nicht platzen.
Zur Schlachtplatte passt am besten ein kräftiger Kartoffelbrei.

Fleischgerichte

Der Küchenzettel in früheren Zeiten wies eine gewisse Regelmäßigkeit auf und hielt sich in bescheidenem Rahmen. Fleisch gab es nicht alle Tage, der große Braten war die Ausnahme. Auch beim Fleisch verstanden es unsere Großmütter, aus preiswerten Teilen große Gaumenfreuden zu zaubern.

Das Schweinerne ist in Baden eine Kategorie für sich. Beliebt sind vor allem Schäufele und kräftige, saftige Schinken. Schäufele – Nicht-Badenern muss man es vielleicht erklären – ist das beste Schulterstück vom Schwein mit dem schaufelartigen Schulterblattknochen. Nach der Hausschlachtung im Spätherbst wanderte das Schäufele mit dem Speck und dem Schinken in eine Salzlake. Langsam gepökelt und sanft geräuchert, war es gerade zur Weihnachtszeit fertig. Schäufele, zusammen mit einem lauwarmen Kartoffelsalat, ist in manchen Gegenden ein typisches Essen am Heiligabend.

Konnte man beim Schweinernen auf Fleisch aus der eigenen Schlachtung zurückgreifen, kaufte man Kalb- und Rindfleisch meistens beim Metzger. Nicht verwunderlich also, dass die beliebtesten Gerichte von Kalb und Rind aus billigeren Teilen zubereitet wurden.

5

Zum Wochenende wurde der badische Mittagstisch von alters her etwas reichhaltiger gedeckt. Das traditionelle Samstagsessen war das Ochsenfleisch mit Beilagen. „Gekochtes Ochsenfleisch, zartes Bruststück, ... das schmeckt", schwärmte der mit vielen Literaturpreisen ausgezeichnete Martin Walser. Ausschlaggebend für das Gelingen ist natürlich die Qualität des Fleisches. Nicht zu mager darf es sein, kernig durchwachsene Stücke wie Bug, Brustkern oder Spitze bieten sich an. Wer nicht mag, muss das Fett ja nicht mit essen! So sicher wie das Amen in der Kirche bildete eine Nudelsuppe den Auftakt zur Sonntagsmahlzeit. Für eine gute Suppe bedarf es nun mal einer guten Fleischbrühe, und die lieferte das Samstagsfleisch.

Wenn in Baden geschlemmt wurde, bei Hochzeiten, Taufen, beim Leichenschmaus und anderen Feiern, wurde nach der Nudelsuppe als Zwischengang Ochsenfleisch mit Beilagen gereicht, meist mit Meerrettichsoße und ohne Kartoffeln. Das Zwischengericht sollte ja nicht den Magen füllen, sondern noch genügend Platz lassen für den nachfolgenden großen Braten. Zum großen Braten gehörte selbstverständlich auch eine gute Soße. Tunke nannten sie unsere Großmütter. Sprachlich gesehen, kommt dieser Ausdruck der Wirklichkeit sehr nahe – eine badische Soße darf und soll man austunken, es wäre wahrlich gefrevelt, sie auf dem Teller übrig zu lassen.

Die hohe Wertschätzung, die unsere Großmütter dem Sauerbraten, dem „badischen Suurbrotes" angedeihen ließen, zeigt sich schon in der Tatsache, dass er sich sowohl im Namen als auch von den Zutaten her vom bekannten Rheinischen Sauerbraten abhebt. Badisch, bodenständig durch und durch ist auch das Ochsenschwanzragout.

Gitzi – Johann Peter Hebel nannte es Gitzili – ist der alemannische Ausdruck für ein kleines Zicklein, den traditionellen Osterbraten. Gitzi war und ist ein klassisches Frühjahrsgericht: Älter als zehn Wochen sollte das Zicklein nicht sein, dann ist das Fleisch noch butterzart.

Schäufele

1 1/2 kg Schäufele (gepökelte und geräucherte Schweineschulter)
1 Zwiebel, geschält und gespickt mit 1 Lorbeerblatt und 2–3 Nelken
5 Pfefferkörner
5 Wacholderbeeren

Schäufele in einen großen Topf legen, so viel Wasser zugießen, dass das Schäufele gerade bedeckt ist. Die gespickte Zwiebel, Pfefferkörner und Wacholderbeeren zugeben. Bis kurz vor dem Siedepunkt erhitzen und bei geringer Hitze im geschlossenen Topf 2–2 1/2 Stunden garziehen lassen. Zwischendurch immer wieder abschäumen.
Das Schäufele ist gar, wenn das Fleisch sich leicht vom Knochen lösen lässt. In Scheiben schneiden und auf einer vorgewärmten Platte anrichten.
(Den Garsud für Kartoffelsalat verwenden.)
Noch festlicher wird das Schäufele, wenn man es im Brotteig ausbackt. Man bereitet den Teig nach dem Rezept für den Zwiebelkuchen zu (siehe dort) oder – was noch einfacher ist – man bestellt ihn fertig beim Bäcker. Das Schäufele wird entbeint und gart nur 30 Minuten im Sud, dann nimmt man es heraus und lässt es erkalten. Man bestreicht es mit Senf und wickelt es in den ausgerollten Brotteig. Mit der Naht nach unten legt man das Ganze auf ein Blech, schiebt es in den auf 230 °C vorgeheizten Backofen und backt es ca. 45 Minuten. Aufschneiden und warm oder kalt servieren.

Bauernschinken

1 Bauernschinken (2–2 1/2 kg), mild gesalzen und geräuchert
1 l Rotwein
1 Zwiebel
1 gelbe Rübe
1/4 Sellerieknolle
1 EL Butterschmalz
1 TL Zucker
4 cl Kirschwasser
1 EL Mehl
5 EL Sahne

Den Schinken in eine große Kasserolle legen und so viel Wasser zugeben, dass er gerade bedeckt ist. Gut 2 Stunden köcheln lassen. Den Schinken in einen Bräter legen, mit dem Rotwein übergießen. Das Wurzelgemüse in grobe Würfel schneiden und beifügen. Das Ganze im Backofen bei mäßiger Hitze ca. 1 Stunde schmoren, dabei das Wurzelgemüse öfters mit etwas Wasser begießen, damit sich Bratensaft bildet.
Wenn der Schinken gar ist, herausnehmen und die Schwarte kreuzförmig einschneiden. Mit Zucker bestreuen und mit dem Kirschwasser übergießen. Den Schinken nochmals in den Backofen schieben und glasieren lassen, wieder herausnehmen und warm stellen.
Den Bratenfond mit ein wenig Schinkenkochbrühe aufkochen, durch ein Sieb streichen und mit Mehl und Sahne binden.
Zum Servieren den Schinken aufschneiden und mit Soße umgeben. Schupfnudeln (Bubespitzle) und Sauerkraut dazu reichen.

Gefüllte Kalbsbrust

1 1/2 kg Kalbsbrust
(vom Metzger eine Tasche einschneiden lassen)
Salz, Pfeffer
4 EL Butterschmalz
1/4 l Weißwein
1/4 l Sahne
Für die Füllung:
4–5 altbackene Brötchen
1/8 l heiße Milch
4–5 Eier
3 Schalotten, fein geschnitten
1 EL Butter
1 Bund Petersilie, fein verwiegt
Salz, Pfeffer, Muskat, Majoran

Die Brötchen würfeln, mit der heißen Milch übergießen und 5 Minuten durchziehen lassen. Die Schalotten in der Butter anschwitzen, Petersilie zugeben und 5 Minuten mitdünsten. Diese Mischung zu den Brotwürfeln geben, Eier hineinschlagen. Mit Salz, Pfeffer, Muskat und Majoran kräftig abschmecken und die Masse mit den Händen locker vermengen.
Die Brotmasse nicht zu prall in die Kalbsbrust füllen, damit sie sich beim Schmoren ausdehnen kann. Die Tasche mit Küchengarn zunähen.
Die Kalbsbrust mit Salz und Pfeffer einreiben, Butterschmalz in einem Bräter erhitzen, die Kalbsbrust einlegen und etwas Wein angießen. Im auf 200 °C vorgeheizten Backofen ca. 90 Minuten braten, dabei nach und nach den restlichen Wein auffüllen, die Kalbsbrust zwischendurch mit der Bratenflüssigkeit begießen.
Nach Ende der Garzeit die Kalbsbrust herausnehmen und warm stellen. Den Bratensatz ablöschen und etwas einkochen. Mit Salz und Pfeffer abschmecken und die Sahne an die Soße geben.
Die Kalbsbrust in fingerdicke Scheiben schneiden, die Soße und ein Gemüse dazu servieren. Kartoffeln, Reis oder Teigwaren braucht es nicht, die Brotfüllung ist eine vollwertige Sättigungsbeilage.

Eingemachtes Kalbfleisch

1 kg Kalbfleisch (Brust, Bug oder Schulter)
1/4 l Weißwein
1 Zwiebel
2 gelbe Rüben
1/2 kleine Sellerieknolle
1 Zweig Thymian
1 Lorbeerblatt
1 Nelke
2 EL Butter
2 EL Mehl
1/4 l Sahne
Salz, Pfeffer, Muskat
Saft einer halben Zitrone

Das Fleisch in nicht zu kleine Würfel schneiden. Gelbe Rüben, Sellerie und die Zwiebel putzen und grob würfeln. Den Weißwein in einen Topf geben, die Fleischwürfel, gelbe Rüben, Sellerie, Zwiebel, Lorbeerblatt, Nelke und Thymian beifügen. So viel Wasser angießen, dass alles bedeckt ist.

Im geschlossenen Topf zum Kochen bringen. Nach dem Aufkochen bei mittlerer Hitze ca. 50 Minuten köcheln lassen, das Fleisch sollte zart und weich sein und dennoch Biss haben. Fleisch und Gemüse durch ein Sieb gießen und die Brühe auffangen.

Mehl und Butter zur Mehlbutter verkneten. Einen halben Liter der Fleischbrühe erhitzen und die Mehlbutter einrühren, Sahne zugeben. Die Soße mit Salz, Pfeffer, Muskat und Zitronensaft abschmecken. Die Fleischstücke einlegen, das eingemachte Kalbfleisch nochmals 5–10 Minuten durchziehen lassen.

Als Beilage eignen sich breite Nudeln oder Reis.

Schüsselfleisch

1 große Kalbshaxe
2 EL Schweineschmalz
2 Zwiebeln, grob gewürfelt
2 gelbe Rüben,
grob gewürfelt
Salz, Pfeffer
3/4 l Weißwein
je 1 Zweig Rosmarin
und Thymian
1 Lorbeerblatt
2 Lauchstangen
1 Kartoffel, gewürfelt
2 EL dicke saure Sahne

Die Kalbshaxe im heißen Schmalz ringsum leicht braun anbraten. Herausnehmen und abkühlen lassen. Zwiebeln und gelbe Rüben im Bratfett ebenfalls nur leicht anbraten.
Das abgekühlte Fleisch vom Knochen lösen und in mundgerechte Stücke schneiden. Die Stücke in einen feuerfesten Topf füllen, salzen und pfeffern. Zwiebel und gelbe Rüben zwischen dem Fleisch verteilen. Rosmarin, Thymian und Lorbeerblatt auflegen. Das Bratfett mit etwas Wasser loskochen und darüber gießen. Mit so viel Wein auffüllen, dass das Fleisch bedeckt ist. Im geschlossenen Topf bei 170 °C ca. 1 Stunde garen. Lauch putzen, die weißen Teile der Stangen in Ringe schneiden und mit den Kartoffelwürfeln zugeben. Weitere 30 Minuten garen.
Vor dem Anrichten die Weinsoße mit der sauren Sahne abbinden. Im Topf servieren, Spätzle oder Knöpfle dazu reichen.

Ochsenfleisch badische Art

Das Ochsenfleisch mit so viel kaltem Wasser aufsetzen, dass es gut bedeckt ist. Langsam aufkochen und insgesamt 3 Stunden kochen lassen, dabei immer wieder abschäumen. Lauch, Sellerie und gelbe Rüben putzen und in grobe Stücke schneiden. Die Zwiebel halbieren, die Schnittflächen in einer Pfanne ohne Fett anrösten. Nach zwei Stunden das Suppengemüse, das Lorbeerblatt, die Pfefferkörner und die Zwiebelhälften zugeben, alles nochmals 1 Stunde leicht köcheln lassen.

Das Fleisch herausnehmen und etwas ruhen lassen. In Scheiben schneiden, auf einer vorgewärmten Platte anrichten und etwas Brühe über das Fleisch gießen.

(Die Brühe abseihen, mit Salz, Pfeffer und Muskat abschmecken und für eine Suppe verwenden.)

Mit Bouillon- oder Rahmkartoffeln, Meerrettichsoße, Rahnensalat und süßsauer Eingelegtem servieren.

1 1/2 kg Ochsenbrust
wie gewachsen (Brustkern, Brustspitze oder Hochrippe)
1 ungeschälte Zwiebel
1 Lauchstange
2 gelbe Rüben
1/2 Sellerieknolle
1 Lorbeerblatt
1 TL Pfefferkörner
Salz, Muskat

Sauerbraten

1 kg Rindfleisch
(Schulter, Nacken, Hüfte)
Salz, Pfeffer
Butterschmalz
2 EL Mehl
3 EL Tomatenmark
Sauerrahm nach Belieben
Für die Beize:
1 kleine Stange Lauch
1 Stück Sellerieknolle
2 gelbe Rüben
1 Petersilienwurzel
2 Zwiebeln, 3 Lorbeerblätter
10 schwarze Pfefferkörner
5 Nelken
10 Wacholderbeeren
1/2 l kräftiger Rotwein
1/2 l Wasser, 1/4 l Essig

Das Gemüse in grobe Würfel schneiden, die Gewürze im Mörser zerstoßen. Alles zusammen in der Rotwein-Essig-Mischung aufkochen, etwas abkühlen lassen. Das Fleisch in die Beize legen und 3–5 Tage (je nach Witterung) kühl stellen.
Das Fleisch herausnehmen, abtrocknen und würzen. In einer Schmorpfanne das Butterschmalz erhitzen und das Fleisch von allen Seiten gleichmäßig anbraten. Mit wenig Beize ablöschen und den Bratensatz loskochen. Das Gemüse aus der Beize zugeben und mit anbräunen lassen. Mit Mehl bestäuben und das Tomatenmark hinzufügen. Die restliche Marinade angießen, die Schmorpfanne verschließen und den Braten bei reduzierter Hitze 60–90 Minuten schmoren lassen.
Ist das Fleisch gar, herausnehmen und kurz ruhen lassen. Die Soße durch ein Haarsieb streichen, das Gemüse durchpassieren und die Soße damit andicken. Mit Salz und Pfeffer abschmecken und nach Belieben mit Sauerrahm verfeinern.
Zum Sauerbraten passen breite Nudeln, Knöpfle oder Kartoffelklöße.

Ochsenschwanzragout

Ochsenschwanz am besten vom Metzger in Stücke schneiden lassen. Die Stücke im heißen Buttersachmalz portionsweise braun braten, dabei mehrmals wenden. Ochsenschwanzstücke herausnehmen und warm stellen.
Röstgemüse und Knoblauch im Bratfett anrösten, Tomatenmark ebenfalls mitrösten. Das Fleisch wieder zugeben, mit Salz und Pfeffer würzen. Thymianzweig, Lorbeerblätter und Nelken in einen Gewürzbeutel füllen und auflegen. Rotwein zugießen, den Deckel auflegen und das Ragout bei kleiner Hitze ca. 3 Stunden köcheln lassen. Das Fleisch sollte mit Flüssigkeit bedeckt sein, bei Bedarf etwas Wein nachgießen.
Das Ragout ist gar, wenn sich das Fleisch leicht vom Knochen löst. Die Stücke herausnehmen und warm halten. Die Soße einkochen lassen, den Gewürzbeutel entnehmen und die Soße durch ein Sieb passieren.
Das Fleisch wieder einlegen und in der Soße servieren. Breite Nudeln dazu reichen.

1,2 kg Ochsenschwanz
3 EL Butterschmalz
2 gelbe Rüben in Scheiben
1/2 Sellerieknolle, gewürfelt
2 Zwiebeln, gewürfelt
2 Knoblauchzehen, gehackt
2 EL Tomatenmark
Salz, Pfeffer
1 Thymianzweig
2 Lorbeerblätter
3 Gewürznelken
3/4 l Rotwein

Zickleinbraten

Geschmorte Gitzikeule

Das Öl in einem Bräter erhitzen, die Keule darin rundum anbraten. Herausnehmen und warm stellen. Den Bratensaft mit dem Weinbrand ablöschen. Die Zwiebel und den Knoblauch zugeben. Die Gitzikeule auf das Gemüse legen, den Rosmarin- und Thymianzweig zufügen und den Wein und die Brühe angießen. Die Keule im Backofen unbedeckt bei 160 °C ca. 90 Minuten garen, dabei öfters mit dem Bratensaft begießen.
Die Keule herausnehmen, vom Knochen lösen und aufschneiden. Den Bratensaft mit etwas Zitronensaft verfeinern und getrennt zum Braten reichen. Mit breiten Nudeln servieren

1 Zickleinkeule
Salz, Pfeffer
3 EL Öl
3 cl Weinbrand
1 Zwiebel, gewürfelt
1 Knoblauchzehe, gehackt
je 1 Zweig Rosmarin
und Thymian
1/4 l Weißwein
1/4 l Hühner- oder Fleischbrühe
etwas Zitronensaft

Fisch, Wild und Geflügel

6

Im wasserreichen Baden gehörte bereits zu Großmutters Zeiten der Süßwasserfisch zur bürgerlichen Speisekarte. An Süßwasser mangelt es dem badischen Musterländle wahrhaftig nicht. Schwarzwald- und Odenwaldbäche, der Rhein und seine Altrheinarme, Donau, Neckar, Main und Tauber, Seen und Teiche und an erster Stelle natürlich der Bodensee, das „Schwäbische Meer" – an dem die Badener einen wesentlich höheren Anteil haben als die benachbarten Schwaben – sorgen für einen reich gedeckten Tisch.

Aal, besonders geschätzt auch aus dem Räucherschrank, Felchen, Forelle, Zander, Schleie und der auch als Egli bekannte Kretzer aus dem Bodensee – sie alle versprechen köstlichen Fischgenuss.

An Karfreitag aber musste es ein Hecht sein. Der gefräßige und grätenreiche Raubfisch liefert das schmackhafteste Fleisch. In alten Kochbüchern nehmen Rezepte vom Hecht die erste Stelle der kulinarischen Rangliste ein. Eine Spezialität sind und bleiben die badischen Hechtklößle, während das Rezept für die Matelote, das „Matrosengericht" sicherlich ursprünglich in elsässischen Küchen beheimatet war.

Selbst bei Wildgerichten zeigte sich das Talent unserer Großmütter, aus wenig viel zu machen. Lange gehörte die Jagd zu den Vorrechten der Landesherren und des Adels, nur die Niederjagd im Feld war Bürgern und Bauern frei. Aus Kostengründen beschränkte man sich auf die billigeren Teile. Der „Rehrücken Baden-Baden" war besonderen Gelegenheiten vorbehalten – er hat den Sprung in die Gourmet-Küche geschafft.

In bäuerlichen Haushalten stand Geflügel recht selten auf dem Speiseplan. Es war für den Verkauf auf dem Markt bestimmt, wo es Abnehmer unter der Stadtbevölkerung fand. Ab und zu musste eine Henne ihr Leben lassen, deren Legefreudigkeit altersbedingt stark nachgelassen hatte. Zum Braten war sie dann zu zäh, sie taugte aber hervorragend als Grundlage für kräftige Brühen und Bouillons.

Wollte man sich etwas Besonderes gönnen, so durfte es schon ein „Mistkratzerle" sein, also ein in Freiheit aufgewachsenes Tier, das auf dem Misthaufen und im Hühnerhof mit weitem Auslauf nach Käfern und Würmern kratzen, das heißt scharren durfte. Die Lebensqualität der Hühner wirkt sich auf den Geschmack des Fleisches aus. Es ist fester und saftiger und schmeckt einfach besser. Auch heute sollte man beim Einkauf nach den glücklichen Scharrern suchen – es gibt sie nicht nur im Nachbarland Frankreich.

Eine gut gebratene Gans wussten auch unsere Großeltern zu schätzen. Doch schon in vorchristlicher Zeit waren die Vögel als Festtagsbraten beliebt. Im antiken Ägypten waren sie der Göttin Isis, in Rom der Juno geweiht. Christliche Legenden verbinden sie mit dem heiligen Martin.

Um Martini, also um den 11. November, sind die jungen Gänse gerade zur richtigen Schlachtreife herangewachsen. Der rechte Moment also, die Gänsesaison mit einem jungen Vogel zu eröffnen. Joseph Victor von Scheffel hielt es in Versform fest: „Drum braten brave Leute die Martinsgans noch heute".

Hechtklössle

500 g Hechtfilet
2 abgeriebene trockene Brötchen
knapp 1/4 l Milch
150 g Butter, 4 Eier
Salz, Pfeffer
1 Spur Muskat
1 TL Dillspitzen, fein gehackt

Für den Fischsud:
Fischreste (vom Händler mitgeben lassen)
2 Zwiebeln, 1/4 Sellerieknolle
1 kleine Lauchstange
2 Petersilienwurzeln
10 Pfefferkörner
1/2 l trockener Weißwein

Für die Soße:
1/2 l trockener Weißwein
1 EL saure Sahne
2 Eigelb, 1 EL kalte Butter
Zitronensaft
2 EL Dillspitzen, fein gehackt

Die Brötchen in der Milch einweichen und ausdrücken. Das Hechtfilet in Würfel schneiden und kalt stellen.

Das Hechtfleisch, die Brötchen, die Butter, die Eier und die Gewürze im Mixer zu einer homogenen Masse verarbeiten, die Dillspitzen mit einem Holzlöffel untermengen. Das fertige Hechtpüree nochmals kalt stellen.

Für den Fischsud das Wurzelgemüse grob zerkleinern. Alle Zutaten in 2 Liter Wasser ca. 20 Minuten kochen lassen, anschließend abseihen. Mit einem kleinen Löffel Klößle abstechen und im heißen Fischsud ca. 10 Minuten knapp unter dem Siedepunkt gar ziehen lassen. Mit einem Schaumlöffel herausnehmen und abtropfen lassen.

Für die Soße 1 Liter vom Fischsud mit dem Weißwein aufkochen und stark reduzieren. Saure Sahne und Eigelb unterrühren, mit der Butter binden und mit Zitronensaft abschmecken. Zum Schluss den Dill zugeben.

Die Klößle in die Soße einlegen, mit Reis und Blattspinat servieren.

Bodenseefelchen-Filet in Weisswein

8 Felchenfilets,
entgrätet und enthäutet
2 EL fein gehackte Kräuter
Salz, Pfeffer
Saft einer halben Zitrone
1 kleine Zwiebel,
fein gewürfelt
1 EL kalte Butter
1/4 Liter Weißwein
1/8 l Sahne

Die Filets waschen und trocken tupfen. Kräuter, Salz, Pfeffer und Zitronensaft mischen und die Filets darin ca. 1 Stunde marinieren. Die Zwiebelwürfel in der Butter in einem weiten Topf leicht anschwitzen. Die Felchenfilets mit den Kräutern zugeben, den Wein angießen und einmal aufkochen lassen. Die Filets herausnehmen und warm stellen.

Die Sahne in den Sud rühren und zu einer sämigen Soße einkochen. Mit Salz und Pfeffer würzen, die Butter unterschlagen. Die Felchenfilets in die Soße einlegen und nochmals kurz erhitzen.

Dazu passen Salzkartoffeln und ein buntes Frühlingsgemüse.

Forelle Müllerin

4 fangfrische Forellen,
ausgenommen
Salz, Pfeffer, Zitronensaft
Mehl zum Wenden
50 g Butter
Zitronenscheiben

Die Forellen kurz unter fließend kaltem Wasser säubern. Innen und außen mit Salz und Pfeffer würzen und mit Zitronensaft beträufeln. In Mehl wenden, dabei alles überschüssige Mehl wieder abschütteln. Die Forellen in einer großen Pfanne (oder besser noch in zwei) in aufschäumender Butter bei mittlerer Hitze auf beiden Seiten jeweils 6–7 Minuten braten.

Die Forellen zum Servieren mit der Bratbutter beträufeln und mit Zitronenscheiben garnieren. Salzkartoffeln und grünen Salat dazu reichen.

Matelote badische Art

Fischtopf

2 kg Süßwasserfische
(Hecht, Barsch, Schleie, Forelle,
Zander – Aal ist ein Muss!)
200 g kleine Champignons
2 EL Butter
3 EL Petersilie, fein gewiegt

Für den Sud:

2 Petersilienwurzeln
2 Zwiebeln
2 gelbe Rüben
1 Stange Lauch
2 Knoblauchzehen
1 Lorbeerblatt
Thymian, Estragon

Für die Soße:

$^{1}/_{2}$ l Weißwein, 4 Eigelb
125 g süße Sahne
Mehlbutter aus
je 60 g Butter und Mehl

Die Fische ausnehmen, waschen, eventuell schuppen. Vom Aal die Haut abziehen. Die Fische in Stücke von 50–60 g teilen.
Für den Sud die Fischreste mit dem zerkleinerten Gemüse und den Gewürzen in 2 Liter Wasser 30 Minuten köcheln lassen und durchseihen.
In einem großen Topf einen halben Liter Sud mit dem Weißwein aufkochen. Die Fischstücke einlegen und bei kleinster Hitze vorsichtig garen, sie müssen noch Biss haben. Die Fische nach 5 Minuten, den Aal erst nach 10 Minuten mit der Schaumkelle herausnehmen und warm stellen.
Die Fischkochbrühe nochmals durchseihen, erneut aufkochen und reduzieren. Mit der Mehlbutter binden, Eigelb und Sahne vermischen und einrühren. Die Soße darf nun nicht mehr kochen! Die Champignons putzen, kurz in der Butter andünsten. Die Soße über die Fischstücke gießen, die Pilze zugeben und zum Anrichten Petersilie über den Fischtopf streuen.
Man reicht dazu breite Nudeln oder Salzkartoffeln.

Rehrücken Baden-Baden

1 Rehrücken (1–1 1/2 kg)
Salz, Pfeffer
4 dünne Scheiben Bauchspeck
60 g Butter

Für den Wildfond:
300 g Rehknochen, klein gehackt
2 EL Öl
1 Zwiebel
1 gelbe Rübe
1 kleine Sellerieknolle
1 Lauchstange
2 EL Tomatenmark
1 EL Mehl
1/2 l Rotwein
1/4 l Brühe
5 Wacholderbeeren, zerdrückt
je 1 Zweig Rosmarin und Thymian
1 Tasse Sauerrahm
etwas Zitronensaft
4 Birnen
etwas Zimt
5 EL Johannisbeerkonfitüre

Für den Wildfond das Wurzelgemüse zerkleinern. Die Rehknochen kurz in Öl anbraten, das Gemüse zugeben und etwas Farbe nehmen lassen. Mit Mehl bestäuben und das Tomatenmark hinzufügen. Mit etwas Rotwein ablöschen, mit der Brühe und dem restlichen Rotwein auffüllen. Die Gewürze dazugeben, den Fond 30 Minuten kräftig einkochen lassen, durchpassieren.

Die Birnen schälen, halbieren und das Kerngehäuse ausstechen. In Wasser mit einem Spritzer Zitronensaft und einer Spur Zimt nicht zu weich kochen.

Den Rehrücken häuten, salzen und pfeffern, in einer Pfanne in der heißen Butter von allen Seiten anbraten. Den Rehrücken in einen Bräter geben, mit den Speckscheiben belegen, mit dem entstandenen heißen Bratfett übergießen und im auf 220 °C vorgeheizten Backofen 20–30 Minuten braten, dabei des öfteren mit dem Bratfett begießen. Das Fleisch soll innen noch zart rosa sein.

Den Rehrücken herausnehmen, in Alufolie einschlagen und warm halten. Den Bratensatz mit etwas Wildfond loskochen, zusammen mit dem restlichen Fond und dem Sauerrahm verrühren und abschmecken.

Beim Aufschneiden des Rehrückens mit einem scharfen Messer dicht am Rückenknochen entlangfahren und auf beiden Seiten die Filets lösen. Diese schräg in nicht zu dünne Scheiben tranchieren und die Scheiben beim Anrichten auf einer heißen Platte wieder am Rückenknochen anlegen. Den Rehrücken mit den Birnenhälften umlegen, diese mit der Johannisbeerkonfitüre füllen. Die Soße getrennt dazu reichen.

Dazu Spätzle, Knöpfle oder Nudeln servieren und in Butter geschwenkte Pfifferlinge.

Hasenrückenfilet in Holundersosse

2 Hasenrücken
1 Zwiebel, gewürfelt
1 gelbe Rübe, gewürfelt
1/4 Sellerieknolle, gewürfelt
1 EL Tomatenmark
10 g Wacholderbeeren, zerdrückt
1/4 l kräftiger Rotwein
1/2 l Fleischbrühe
100 g Holunderbeeren
1 cl Holundersaft
Salz, Pfeffer
4 EL Butter

Die Hasenrückenfilets vom Knochen lösen und häuten. Die Knochen klein hacken und mit dem Gemüse in einem Bräter in 2 EL Butter goldgelb rösten. Das Tomatenmark und die Wacholderbeeren zugeben, mit dem Rotwein ablöschen und die Fleischbrühe zugießen. Bei nicht zu großer Hitze 15–20 Minuten einkochen lassen. Die Holunderbeeren und den Saft zugeben und erneut durchkochen. Die Soße durch ein feines Sieb passieren, mit Salz und Pfeffer abschmecken und warm halten.
Zwischenzeitlich die ausgelösten Hasenrückenfilets mit Salz und Pfeffer würzen und in der restlichen Butter von allen Seiten kurz anbraten. Im auf 200 °C vorgeheizten Backofen noch ca. 5 Minuten fertig garen. Die Filets sollen innen noch rosa sein. Die Hasenrückenfilets tranchieren und mit der Soße übergießen.
Mit Nudeln, Knöpfle und Rosenkohl servieren.

Wildschweinpfeffer

1 kg Wildschweinfleisch (Blatt oder Hals)
3–4 EL Butterschmalz
Salz, Pfeffer
2 EL Mehl, 2 EL Tomatenmark
2 EL frisches Schweineblut (oder 1/2 frische Blutwurst)

Für die Marinade:
1/2 l Rotwein, 1/8 l Weinessig
2 cl Weinbrand oder Kirschwasser
1 gelbe Rübe, gewürfelt
1 Zwiebel
1 Knoblauchzehe, gehackt
5 Pfefferkörner, zerdrückt
3 Wacholderbeeren, zerdrückt
1 Lorbeerblatt, 1 Nelke

Die Zutaten für die Marinade gut vermischen. Wildschweinfleisch in mundgerechte Stücke schneiden, in die Marinade legen und zugedeckt mindestens 24 Stunden ziehen lassen. Das Fleisch aus der Marinade nehmen und gut abtropfen lassen, die Marinade aufbewahren.
Das Butterschmalz in einer Kasserolle erhitzen und die Fleischstücke darin von allen Seiten anbraten. Mit Salz und Pfeffer würzen, mit Mehl bestäuben und dieses Farbe annehmen lassen. Das Tomatenmark zugeben. Die Marinade durch ein Haarsieb zugießen. Den Wildschweinpfeffer 50–60 Minuten langsam schmoren, eventuell ab und zu noch etwas Flüssigkeit zugeben. Gegen Ende der Garzeit das Blut oder die aus der Haut gedrückte Blutwurst in die Soße geben, kurz aufkochen lassen.
In einer Schüssel anrichten, Nudeln oder Knöpfle dazu reichen.

Mistkratzerle

2 Hähnchen vom Bauernhof
Salz, Pfeffer
1 Bund Petersilie,
fein verwiegt
2 Bund Thymian
2 Zwiebeln, gehackt
50 g Butter

Die Mistkratzerle säubern und gegebenenfalls abflämmen. Außen und innen mit Salz und Pfeffer einreiben. Die Thymianblättchen abzupfen, mit Petersilie und Zwiebeln vermengen, in die Hähnchen füllen. Die Butter in einem großen Bräter erhitzen und die Hähnchen rundum goldbraun anbraten.
Den Bräter in den auf 180 – 200 °C vorgeheizten Backofen schieben und die Mistkratzerle weitere 20 Minuten knusprig braten, dabei immer wieder mit dem Bratensaft beträufeln

Martinsgans

Für 6–8 Personen

1 küchenfertige Gans
(ca. 3,5 kg)
4 kleine säuerliche Äpfel
500 g Kastanien, geschält
200 g magerer Schweinebauch
1 trockenes Brötchen
ca. 1/2 l Milch
2 Zwiebeln, fein geschnitten
2 EL Butterschmalz
1 Ei
Salz, Pfeffer, Beifuß
1 cl Weinbrand
zum Bestreichen
kaltes Salzwasser oder Bier

Die Gans kalt abspülen, eventuell verbliebene kleine Federn entfernen. Trocken tupfen, innen und außen mit Salz, Pfeffer und Beifuß einreiben.
Die Äpfel würfeln. Die Kastanien mit etwas Salz in so viel Milch, dass sie bedeckt sind, weich kochen. Das Brötchen in grobe Würfel schneiden und in der restlichen Milch einweichen.
Den Schweinebauch in feine Streifen schneiden. Die Zwiebeln im Butterschmalz hellgelb werden lassen. Kastanien abgießen und grob zerkleinern. Apfelstücke, Zwiebeln, Kastanien, Fleisch und Ei gut verkneten, mit Salz, Pfeffer und Weinbrand würzen.
Die Masse in die Gans füllen, die Öffnungen mit Küchengarn zunähen. Keulen und Flügel am Rumpf festbinden. Die Haut der Gans mit einer dicken Nadel mehrmals einstechen. Die Gans mit der Brustseite nach unten auf den Rost legen und zusammen mit der Fettpfanne in den Backofen schieben. Einen Liter Wasser in die Fettpfanne gießen und die Gans 3 Stunden bei 180 °C goldbraun knusprig braten, dabei das Bratfett abschöpfen und die Gans immer wieder damit begießen. Die Gans 10 Minuten vor Ende der Garzeit mit kaltem Salzwasser oder Bier einpinseln.
Die fertige Gans noch ca. 15 Minuten im ausgeschalteten Backofen lassen. In der Zwischenzeit den Bratensaft entfetten und reduzieren. Die Gans dann möglichst schnell zerlegen und mit dem Füllsel servieren.
Als Beilage Rotkraut reichen.

Leckeres aus Innereien

7

Badische Köchinnen und Köche verstehen sich bestens auf die Zubereitung von Innereien. Sie machen Leckerbissen aus Bries, Nieren, Herz, Leber und Kutteln. Das mag wohl an der Nähe zu Frankreich liegen, wo manche Innereien geschätzte Delikatessen sind. Bries, auch unter dem Namen Kalbsmilch bekannt, ist die Thymusdrüse des Kalbs, die sich beim heranwachsenden Tier zurückbildet. Es wird nach dem Aufkochen und Erkalten in Scheiben geschnitten und natur oder paniert in Butter gebraten. In Großmutters handgeschriebenem Kochbuch sind auch Rezepte festgehalten für Auflauf, Ragout und Suppe mit Briesle.

Kutteln, in Südbaden eher unter dem Namen Sulz bekannt, sind Teile des Netzmagens (Pansen) und des Darms von Kälbern und jungen Rindern. Man bekommt sie vorgekocht und bereits in Streifen geschnitten bei den meisten Metzgern. Der kalorienarme Leckerbissen, der einst als Arme-Leute-Essen galt, ist heute wieder gefragt. Man schätzt sie sauer zubereitet, in Rot- oder Weißwein gedünstet, pikant abgeschmeckt mit Tomatenmark oder mit viel Sahne verfeinert. Sie munden scharf angeröstet und nur eben mit etwas Wein und einem Spritzer Essig abgelöscht. Viele urbadische Wirtschaften und Vesperstuben führen Sulz oder Kutteln noch (oder wieder?) als „kleines Gericht" auf der Speisekarte.

In bäuerlichen Familien bildete das Saueressen, frische Innereien in dunkler Soße, das typische Mittagessen an Schlachttagen. Man schmurgelte Stücke von Herz, Leber, Nieren und Lunge mit Zwiebeln in Schmalz an, gab Fleischbrühe, Wein oder Most zu, rührte etwas Essig unter, um eine dunkle, sämige und leicht säuerliche Soße zu bekommen. Mit „Gschwellde" (Pellkartoffeln) war das „Suuresse" eine äußerst beliebte und sättigende Mahlzeit.

„Leberspatzen, das ist ein Sonntagsessen", ließ Hermann Hesse den Landstreicher Knulp im gleichnamigen Roman sagen. Und im „Steppenwolf" schreibt er: ... „Leber, aparter Genuss für mich, der selten Fleisch isst".

Saure oder geröstete Leberle ließ man sich einst als Imbiss servieren, wenn die Tagesarbeit sehr früh begann und man im Laufe des Vormittags bereits wieder rechtschaffenen Hunger verspürte. Männer verzehrten sie oftmals im Wirtshaus nach dem sonntäglichen Kirchgang, während die Frauen sich daheim schon um das Mittagessen kümmerten. Mit dem „Voressen" wollte man sich keinesfalls den Hunger auf das häusliche Mittagessen verderben, sondern sich lediglich den rechten Appetit dafür holen.

Gasthäuser, die sich der badischen Küche verschrieben haben, bieten saure oder geröstete Leberle heute wieder als köstliches kleines Gericht an.

Kalbsbriesle mit Pilzen

2 Kalbsbriesle
(beim Metzger vorbestellen)
1 Zwiebel, gespickt mit
1 Lorbeerblatt und 2 Nelken
1 Bund Suppengrün,
klein geschnitten
1 Zweig Thymian
5 Pfefferkörner, zerdrückt
Salz, Pfeffer
1 EL Mehl
2 Eigelb
5 EL Weckmehl
6 EL Butter
500 g Steinpilze, geputzt
(oder andere Pilze der Saison)
1 Schalotte, klein gewürfelt
1/8 l Weißwein
50 g Crème fraîche
1 EL Zitronensaft
1 Bund glatte Petersilie

Briesle mit kaltem Wasser bedecken und einige Stunden wässern, dabei ab und zu das Wasser wechseln. Herausnehmen und mit kochendem Wasser übergießen, von Blut und Sehnen befreien. Briesle in leicht gesalzenem Wasser mit der gespickten Zwiebel, Suppengrün, Pfefferkörnern und Thymian 10 Minuten ziehen, aber nicht kochen lassen. Im Wasser erkalten lassen, herausnehmen und die äußeren Häutchen abziehen. Briesle in ein Tuch wickeln und mit einem Topf beschweren, damit das restliche Wasser herausgepresst wird.

Briesle in nicht zu dünne Scheiben schneiden, salzen und pfeffern und leicht mit Mehl bestäuben. Eigelb verquirlen, die Brieslescheiben zuerst in Eigelb und dann in Weckmehl wenden. In 4 Esslöffel heißer Butter auf beiden Seiten goldgelb backen. Die restliche Butter erhitzen, die Pilze und die Schalottenwürfel darin gut durchschwenken, mit dem Wein ablöschen. Mit Salz, Pfeffer und Zitronensaft würzen und Crème fraîche einrühren.

Briesle und Pilze zusammen anrichten. Von der Petersilie die Blättchen abzupfen und über Briesle und Pilze streuen.

Als Vorspeise mit Weißbrot servieren, als Hauptgericht Nudeln und grünen Salat dazu reichen.

Kutteln in Weisswein
Sulz

750 g Kutteln, weich gekocht und fein geschnitten (beim Metzger vorbestellen)
80 g Butter
1 Zwiebel, fein gehackt
1 Knoblauchzehe, zerdrückt
1/2 l trockener Weißwein
0,1 l Weißweinessig
0,2 l Kalbsfond
3 Lorbeerblätter, 2 Nelken
Mehlbutter aus je 1 EL Butter und Mehl
1/4 l süße Sahne
Salz, Pfeffer, Muskat
1 EL Zitronensaft
3 EL Schnittlauchröllchen

Zwiebel und Knoblauch im heißen Fett gelb dämpfen. Mit dem Wein ablöschen, Essig, Fond, Lorbeerblätter und Nelken zugeben. Auf die Hälfte einkochen lassen. Durch ein Haarsieb passieren und mit der Mehlbutter abbinden. Die süße Sahne unterrühren, die Kutteln zugeben und kurz aufkochen. Mit Salz, Pfeffer, Muskat und Zitronensaft abschmecken.
Vor dem Anrichten die Schnittlauchröllchen unterziehen. Brägele oder Salzkartoffeln dazu reichen.

RÖSCHTELE

Saueressen

700 g Innereien (Leber, Herz, Niere, Lunge) vom Kalb, ersatzweise vom Schwein
3 EL Schmalz
3 Zwiebeln in dünnen Scheiben
3 EL Mehl
Salz, schwarzer Pfeffer
1/4 l Fleischbrühe
1/4 l Rotwein
1 EL Tomatenmark
ca. 2 EL Rotweinessig

Die Innereien gründlich säubern und von Häutchen und Adern befreien. Trocken tupfen und in feine Streifen schneiden. Alle Innereien außer der Leber in einer großen Pfanne in 2 Esslöffel Schmalz scharf anbraten. Die Hitze verringern, Zwiebelscheiben zugeben und unter häufigem Wenden glasig werden lassen. Nach ca. 5 Minuten Fleisch und Zwiebeln mit dem Mehl bestäuben und so lange rösten, bis alles Farbe angenommen hat. Kräftig mit Salz und Pfeffer würzen und die Fleischbrühe angießen. Das Ganze so lange garen, bis die Innereien weich sind, dabei gelegentlich umrühren. Das Tomatenmark unterrühren und nach und nach den Wein zugießen.
Die Leber im restlichen Schmalz in einer zweiten Pfanne kurz anbraten und unter die anderen Innereien mischen. Die Soße – sie soll dunkel und sämig sein – nach Geschmack mit dem Essig säuern.

Leberspätzle

500 g Leber, gehackt
500 g Mehl
4 Eier
Salz, Pfeffer, Muskat
1 EL Majoran, sehr fein verwiegt
1 Zwiebel, gewürfelt
50 g Butter

Die gehackte Leber fein pürieren und durch ein Sieb streichen. Das Mehl, die Eier, Salz, Pfeffer, Muskat und Majoran zugeben und das Ganze wie einen Spätzleteig schlagen, bis er Blasen wirft. Den Teig durch eine Spätzlepresse in kochendes gesalzenes Wasser drücken oder vom Brett schaben. Die Spätzle mit einem Schaumlöffel herausheben, wenn sie oben schwimmen, abschrecken und abtropfen lassen.

Die Zwiebelwürfel in der Butter schmälzen und beim Servieren über die Leberspätzle geben. Eine große Schüssel knackigen grünen Salat dazu reichen.

Kalbsnierle in Senfsosse

800 g Kalbsnieren
(ersatzweise Schweinenieren)
50 g Speck, fein gewürfelt
3 kleine Schalotten,
fein gewürfelt
3 EL Butter
1 Schuss Kirschwasser
$^1/_8$ l Sahne
2 EL mittelscharfer Senf
1 TL Tomatenmark
1–2 EL Balsamico-Essig
Salz, Pfeffer
3 EL Olivenöl

Die Nieren halbieren, Harnwege, Haut und Sehnen entfernen und ca. 3 Stunden wässern.
In einer Pfanne Speck und Schalotten in der Butter andünsten, mit dem Kirschwasser ablöschen. Sahne, Senf, Tomatenmark und Essig zugeben und unter ständigem Rühren zu einer sämigen Soße einkochen lassen.
Die Nierchen in Scheiben schneiden, mit Salz und Pfeffer würzen und in einer zweite Pfanne im heißen Öl von allen Seiten goldgelb braten. Die Nierchen in die Soße einlegen, nochmals kurz erhitzen und in der Soße servieren.
Hausgemachte Spätzle, Knöpfle oder Nudeln dazu reichen.

Gefülltes Kalbsherz

1 Kalbsherz
1/4 l Buttermilch

Für die Füllung:

1 trockenes Brötchen
100 g Trockenpflaumen, eingeweicht
1 Ei
1 EL Zwiebelwürfelchen
1 EL Petersilie, fein verwiegt
2 Äpfel, gewürfelt
100 g Rinderhack
Salz, Pfeffer

Zum Braten:

40 g Speck in Streifen
1 Zwiebel, grob gewürfelt
1 gelbe Rübe, grob gewürfelt
40 g Butterschmalz
1/4 l Fleischbrühe
1/4 l Sauerrahm
1 TL Stärkemehl
3–4 EL Weißwein

Das Kalbsherz aufschneiden, von Sehnen und Röhren befreien, abspülen und über Nacht in Buttermilch einlegen. Herausnehmen und trocken tupfen, die Buttermilch aufbewahren.

Für die Füllung das Brötchen in Wasser einweichen, ausdrücken und verzupfen, die Pflaumen würfeln, Zwiebel und Petersilie in der Butter andämpfen. Brötchen und Zwiebel-Petersilienmischung mit dem Ei, dem Hackfleisch, den Äpfeln und den Pflaumen vermengen. Mit Salz und Pfeffer würzen.

Die Masse in das Herz füllen. Das Herz zusammenklappen, zunähen und mit den Speckstreifen umwickeln. In einer Kasserolle im heißen Fett mit den Zwiebeln und den Gelbrübenwürfeln von allen Seiten bräunen. Mit der Fleischbrühe ablöschen, die Buttermilch angießen. Die Kasserolle in den auf 200 °C vorgeheizten Backofen schieben und das Herz bei geschlossenem Deckel 50–60 Minuten garen, dabei des öfteren begießen.

Die Soße durch ein Sieb passieren. Speisestärke kalt mit dem Sauerrahm verrühren, die Soße damit binden. Mit dem Wein abschmecken.

Das Herz zum Anrichten in Scheiben schneiden, mit der Soße servieren. Schupfnudeln oder Rahmkartoffeln dazu reichen.

Desserts und Süssspeisen

8

Die Liebe der Badener zu den kräftigen Speisen lässt noch genügend Platz für all die süßen Versuchungen, die die badische Küche bereithält. Wenn man in Baden von jemand sagt, er sei ein Süßer, so spielt man damit auf seine Vorliebe für Süßspeisen an. Ob die Badener ihr Faible für die süßen Mehlspeisen von den Österreichern übernommen haben? Schließlich war Freiburg einstmals vorderösterreichische Hauptstadt, und ein Teil von Baden gehörte zum Habsburger Kernland.

Der badische Küchenzettel wäre auf jeden Fall nicht vollständig ohne die Süßspeisen, ob als verführerischer und krönender Abschluss eines festlichen Essens oder als nahrhafte Vollmahlzeit. Groß war das Repertoire unserer Großmütter von allem, was die Woche über an Süßem der Jahreszeit entsprechend auf den Tisch kam.

Resteverwertung und Sparsamkeit galten als wichtige Tugenden und zeugten vom Geschick der badischen Hausfrauen. Man ließ nichts verkommen und wusste selbst aus altbackenem Brot oder harten Brötchen noch wohlschmeckende Gerichte zuzubereiten. Ofenschlupfer, Kartäuserklöße, Arme Ritter oder die herrlich altmodischen Grießschnitten schmecken auch heute noch – und nicht nur Kindern!

Der Kirschplotzer, schon fast zu mächtig für einen Nachtisch und eher ein süßes Hauptgericht nach einer Suppe, ist ein typischer Saisonkuchen. Zur Kirschenzeit ist er in jedem badischen Haushalt ein „Muss".

Ein Hochgenuss und ein gelungener Beweis für die Philosophie unserer Großmütter, die besten einheimischen Produkte der Jahreszeit entsprechend auf den Tisch zu bringen: Die Hollerküchle oder Holderle, die goldgelb ausgebackenen, kräftig und aromatisch duftenden Blüten des Schwarzen Holunders.

Eine Sonderstellung genießt der im nächsten Kapitel vorgestellte Zwetschgenkuchen. Man verzehrt ihn in vielen Gegenden Badens nicht nur nach, sondern zur Suppe. Meistens reicht man ihn zu einer sämigen Kartoffelsuppe, den saftigen Zwetschgenkuchen isst man dazu direkt aus der Hand.

Wird man als „Reingschmeckter" zu solch einem Essen eingeladen, bekommt man vielleicht folgende Anekdote erzählt: Zu Beginn des 19. Jahrhunderts wollte Markgräfin Amalie ihre Tochter Friederike gegen deren Willen mit dem schwedischen König verheiraten. Die Prinzessin soll ein ganzes Blech vom guten badischen Zwetschgenkuchen verschlungen haben, um nicht abreisen zu können. Der Kuchen war allerdings selbst in diesem gewaltigen Übermaß so bekömmlich, dass sich Prinzessin Friederike nicht vor der aus Gründen der Staatsraison angeordneten Eheschließung drücken konnte.

Hollerküchle

Holderle

8 Holunderblütendolden
150 g Mehl
2 Eier, getrennt
3 EL Weißwein oder Bier
2 EL neutrales Öl
1 EL Zucker
1 Prise Salz
Frittierfett zum Ausbacken
Puderzucker zum Bestreuen

Die Dolden gründlich waschen, mit der Blütenseite nach unten zum Trocknen auf Haushaltspapier legen. Mehl, Eigelb, Wein oder Bier, Öl und Zucker zu einem glatten, dickflüssigen Teig verrühren. Eiweiß mit dem Salz zu steifem Schnee schlagen und vorsichtig unterheben.

Das Frittierfett erhitzen, die Holderblüten am Stiel halten, in den Teig tauchen und im heißen Fett schwimmend knusprig ausbacken. Abtropfen lassen, mit Puderzucker bestreuen und noch heiß servieren.

Kirschplotzer

1–1 1/2 kg nicht entsteinte schwarze Kirschen
200 g Schwarz- oder Weißbrot, entrindet
1/2 l heiße Milch
2 cl Kirschwasser
200 g weiche Butter
6 Eier, getrennt
150 g Zucker
150 g gemahlene Nüsse oder Haselnüsse
je 1 Messerspitze Zimt und Nelkenpulver
1 Prise Salz
Fett für die Auflaufform

Das Brot würfeln, mit der Milch übergießen. Gut ausdrücken, mit dem Kirschwasser vermischen. Die Butter schaumig rühren, Eigelb und Zucker zugeben und weiterrühren, Mandeln, die Gewürze und die Brotwürfel untermischen. Das Eiweiß mit dem Salz zu steifem Schnee schlagen und vorsichtig unterheben. Zuletzt die Kirschen untermischen.

Eine Auflaufform ausfetten und die Masse einfüllen. Im auf 180 °C vorgeheizten Backofen eine gute Stunde backen.

Schmeckt warm oder kalt. Geschlagene Sahne oder Vanillesoße dazu reichen.

Apfelpfannkuchen mit Apfelweinschaum

Die Äpfel schälen, vierteln und in feine Blättchen schneiden. Mit Zucker bestreuen und mit Zitronensaft beträufeln.
Von Mehl, Milch, der zerlassenen Butter und Eigelb einen glatten Teig rühren. Das Eiweiß mit Salz zu steifem Schnee schlagen und kurz vor dem Backen unterheben. Zum Schluss die Apfelblättchen untermengen.
In einer Pfanne etwas Butterschmalz zergehen lassen und den Teig langsam – damit die Äpfel weich werden – nach und nach zu goldgelben Kuchen ausbacken.
Die fertigen Apfelpfannkuchen mit Puderzucker bestäuben. Mit Vanilleeis servieren, den Apfelweinschaum getrennt dazu reichen.
Für den Apfelweinschaum alle Zutaten verrühren und über dem heißen Wasserbad mit dem Schneebesen aufschlagen, bis das Eigelb zu stocken beginnt und die Masse dick wird. Sofort auftragen, die Schaumcreme fällt sonst zusammen.

100 g Mehl
200 ml Milch
4 Eier, getrennt
1 Prise Salz
40 g zerlassene Butter
2 mürbe Äpfel
2 EL Zucker
Saft von einer halben Zitrone
Butterschmalz zum Ausbacken
Puderzucker zum Bestreuen
Für den Apfelweinschaum:
1/4 l Apfelwein
(ersatzweise Apfelsaft)
15 g Zucker
3 Eigelb

Griessschnitten

Milch mit Zucker, Butter und Salz zum Kochen bringen. Den Grieß unter ständigem Rühren hineingeben und bei schwacher Hitze ca. 10 Minuten ausquellen lassen, bis er sich vom Topf löst.
Eigelb verquirlen, den Topf vom Herd nehmen und das Eigelb in den noch heißen Grieß einrühren. Ein Backblech mit Butter ausfetten, die Grießmasse auf das Blech schütten und ca. 2 cm dick ausstreichen. Erkalten lassen.
Wenn die Masse fest ist, Rechtecke oder Rauten in beliebiger Größe ausschneiden. Die Stücke im Eiweiß und im Weckmehl wenden und in einer Pfanne in schäumender Butter goldbraun backen.
Beim Anrichten mit Zimtzucker bestreuen. Dazu schmeckt am besten ein Kompott aus frischen Beeren.

400 g Grieß
1 1/2 l Milch
50 g Butter
40 g Zucker
1 Prise Salz
3 Eier, getrennt
Zum Umhüllen:
80 g Weckmehl
etwas Butter
für das Backblech
40 g Butter zum Ausbacken
2 EL Zimtzucker
zum Bestreuen

Bratäpfel mit Vanillesosse

4 große mürbe Äpfel
etwas Butter
100 g Mandeln, gestiftelt
4 Stück Würfelzucker
Johannisbeergelee
Butterflöckchen
Marzipanrohmasse
Kirschwasser

Für die Vanillesoße:
1/2 l Milch
1 Vanilleschote
4 Eigelb
40 g Zucker

Die Äpfel waschen, das Kerngehäuse ausstechen. Die Äpfel in eine leicht gebutterte feuerfeste Form setzen. In jeden Apfel 1 Stück Würfelzucker geben, Mandeln und Johannisbeergelee mischen, in die Äpfel füllen, mit je einem Butterflöckchen belegen. Nach Belieben pro Apfel ein daumengroßes Stück Marzipanrohmasse mit einem Schuss Kirschwasser verkneten und in die Öffnung drücken. Im auf 180 °C vorgeheizten Backofen 20–30 Minuten garen.

In der Zwischenzeit die Vanillesoße zubereiten. Die Milch mit der Vanilleschote langsam zum Kochen bringen. Eigelb und Zucker in einer Schüssel schaumig schlagen und unter kräftigem Schlagen in die Milch einrühren. Die Vanilleschote entfernen und die Soße bei leichter Hitze noch etwas andicken lassen, sie darf aber nicht mehr kochen.

Die Äpfel aus dem Ofen nehmen und außen mit etwas Johannisbeergelee glasieren. Die Vanillesoße auf 4 Schälchen verteilen, die Bratäpfel einsetzen und noch warm servieren.

Schneeballen

4 Eier, getrennt
1 TL Zitronensaft
1 Prise Salz
100 g Zucker
1 l Milch
1 Vanilleschote
1 TL Stärkemehl

In einem weiten Topf Wasser zum Kochen bringen. Eiweiß mit Salz und Zitronensaft zu sehr steifem Schnee schlagen, vorsichtig die Hälfte des Zuckers einrieseln lassen und so lange weiter schlagen, bis der Zucker vollständig aufgelöst ist.

Die Hitze des Kochwassers reduzieren (es darf nicht mehr sprudeln), salzen. Von der Masse mit 2 Esslöffeln Klöße (Schneeballen) abstechen und sanft auf das Wasser gleiten lassen. Die Klöße zugedeckt ca. 15 Minuten ziehen lassen, dabei nach der halben Zeit wenden, damit das Eiweiß rundum fest werden kann. Die Klöße mit einem Schaumlöffel herausnehmen und zum Erkalten auf ein Sieb legen.

Die Milch mit der längs aufgeschnittenen Vanilleschote und dem ausgekratzten Mark unter Schlagen zum Kochen bringen, durchseihen und etwas abkühlen lassen. Eigelb mit dem restlichen Zucker und dem Stärkemehl schaumig rühren. Die Milch mit einem Schneebesen in die Eigelbmasse einrühren, auf kleiner Flamme zu einer schaumigen Soße schlagen.

Die Creme nach dem Erkalten in eine große Schale oder tiefe Portionsteller füllen, vor dem Servieren die Schneeballen darauf anrichten.

Weincreme

1/4 l bukettreicher Weißwein
6 Eigelb
75 g Zucker
1 Spritzer Zitronensaft

Eigelb mit dem Zucker über dem heißen Wasserbad cremig rühren. Den Wein und den Zitronensaft zufügen und so lange weiterschlagen, bis ein lockerer Schaum entstanden ist und die Creme ihr Volumen fast verdoppelt hat.

Die Creme darf nicht kochen, da sie sonst gerinnt! Sofort servieren, sie fällt beim Erkalten zusammen. Passt gut zu anderen Süß- oder Mehlspeisen.

Arme Ritter

500 g Weißbrot vom Vortag
1/4 l Milch
2–3 Eier
4 EL Zucker
1 Päckchen Vanillezucker
1 Prise Zimt
Saft und Schale einer Zitrone
50 g Himbeermarmelade
2 Eier, 4 EL Sahne
Weckmehl
50 g Butterschmalz
Puderzucker

Milch mit Zucker, Vanillezucker, Zimt, Zitronenschale und Zitronensaft aufkochen, abkühlen lassen, mit den Eiern verquirlen. Das Brot in 1 cm dicke Scheiben schneiden, entrinden. Die Scheiben in der Eiermilch tränken.

Eine Brotscheibe mit Marmelade bestreichen, eine andere darauf setzen und fest andrücken. Eier und Sahne verrühren. Die Brotscheiben zuerst im Eiergemisch wenden und dann im Weckmehl panieren.

Das Fett in einer tiefen Pfanne erhitzen, die Armen Ritter darin wie Schnitzel auf beiden Seiten goldbraun braten.

Vor dem Anrichten mit Puderzucker bestäuben, mit Apfelmus oder anderem Obstkompott servieren.

Ofenschlupfer

Die Äpfel schälen, das Kerngehäuse entfernen. Die Äpfel in dünne Scheiben schneiden und mit Zitronensaft beträufeln. Die Brötchen ebenfalls in Scheiben schneiden. Milch mit Eiern, Zucker und Vanillezucker verquirlen.

Eine Auflaufform mit Butter ausfetten, die Weck- und Apfelscheiben abwechselnd einschichten, die Rosinen und die Nüsse dazwischen verteilen. Die Mischung mit der Eiermilch übergießen und im Backofen bei 200 °C ca. 45 Minuten backen.

Mit Vanillesoße oder Zwetschgenkompott servieren.

6 altbackene Milchbrötchen
500 g mürbe Äpfel
4 Eier
1/2 l Milch
1 Päckchen Vanillezucker
50 g Zucker
50 g Rosinen
50 g gehackte Walnüsse
1 TL Zimt
2 EL Butter
Saft einer halben Zitrone

Kartäuserklösse

Die harte Rinde von den Brötchen abreiben, die Brötchen halbieren. Milch mit Eiern, Zucker, Vanillezucker und Zitronenschale verquirlen, die Brötchen darin gut durchweichen lassen. Herausnehmen, auf einem Sieb abtropfen lassen. Eiweiß verschlagen, die Brötchen zuerst in Eiweiß und dann in Weckmehl wenden und auf ein mit Öl bestrichenes Backblech setzen. Mit den Mandelstiften spicken und mit Butterflöckchen belegen. Im auf 200 °C vorgeheizten Backofen ca. 30 Minuten goldbraun backen.

Auf einer heißen Platte anrichten, Wein- oder Vanillesoße oder Kompott dazu reichen.

6 altbackene Milchbrötchen
3/4 l Milch
3 Eier
2 Eiweiß
40 g Zucker
1 Päckchen Vanillezucker
abgeriebene Schale einer Zitrone
Weckmehl zum Panieren
2 EL Öl
50 g Mandelstifte
Butterflöckchen

Kuchen, Torten und Gebäck

9

„An ihren Kuchen werden sie gemessen" – diesen Maßstab setzten unsere Großmütter sich selbst. Kuchen gehörte zu den Sonn- und Feiertagen und selbstverständlich auch zu allen Familienfesten. Unmengen wurden bei solchen Gelegenheiten gebacken. Was die Gäste nicht verzehren konnten, gab man ihnen mit. An Eiern wurde besonders im Frühjahr nicht gespart, wenn die Hühner wieder anfingen zu legen. Bis zu einem Dutzend rührte man in den Sonntagskuchen, auch um zu zeigen, dass man es sich leisten konnte.

Selbstgebackenes war Bestandteil des sonntäglichen Frühstücks. Da musste es dann ein trockener Hefekuchen sein, ein Kranz, ein Zopf oder ein Gugelhupf. Die trockenen Kuchen waren so beliebt, weil man sie „eintunken" konnte in die große „Kaffeeschüssel", woraus man in ländlichen Haushalten den Morgenkaffee schlürfte.

Theodor Heuss, Autor, Journalist, Historiker und erster deutscher Bundespräsident der jungen Republik, kannte die Essgepflogenheiten seiner süddeutschen Landeskinder: „Hefekranz und Gugelhupf sind die Angelegenheiten der Kaffeetafeln. Große Obstkuchen, Äpfel, Pflaumen, Zwetschgen werden, nach der Jahreszeit, in bürgerlichen Familien auch als Hauptmahlzeit, nicht bloß als Nachtisch genommen", hielt er in einer seiner zahlreichen Erzählungen fest.

Der Festtagskuchen der Südbadener ist die Linzertorte. Weihnachten, Ostern, Taufe, Konfirmation und Kommunion, Hochzeit oder Beerdigung: Die Linzertorte ist dabei! Sie ist eine Erinnerung an die Zeit, als Teile Badens noch österreichisch waren. Sie ist ein idealer Vorratskuchen. Gut schmeckt sie erst einige Tage nach dem Backen, wenn die Marmelade sie durchdrungen hat und sie schön saftig geworden ist.

Im Dezember dann, wenn die Tage recht kurz sind, werden die handgeschriebenen Rezeptbücher mit den überlieferten Familienrezepten und die alten handgeschnitzten hölzernen Springerlemodeln rausgesucht. Ohne selbstgebackene „Brötle“ oder „Gutsele“ kann es in Baden nicht richtig Weihnachten werden. Ein wahrer Wettbewerb setzt ein unter den Nachbarinnen, die allesamt Sachverständige sind. Eifrige Bäckerinnen bringen es auch heute noch leicht auf 20 verschiedene Sorten.

Das Talent der Backkünstlerinnen aber wird gemessen an der Höhe der „Füßle“ oder „Stöllile“ der Springerle. Sie sind in Baden schon fast ein Kultgebäck. In manchen Familien werden sie nach dem Backen noch liebevoll bemalt und, mit einem Löchlein versehen, als Schmuck an den Weihnachtsbaum gehängt. Lebkuchen, Zimtsterne und Hildabrötle – letztere so benannt nach der Großherzogin Hilda – dürfen auf keinem bunten Teller fehlen.

Kein Weihnachten ohne Hutzelbrot! „Bierewecke“ heißt das alte Traditionsgebäck im alemannischen Sprachraum, auch unter dem Namen Schnitzbrot ist es bekannt. Auch dafür besitzt wohl jede Familie ihr ureigenes vererbtes Rezept. Hineingebacken werden Hutzeln, das heißt „gedörrte“ (getrocknete) Zwetschgen, Birnen und Äpfel, die beim Trocknen runzelig und schrumpelig, also hutzelig werden. Nüsse, Sultaninen, Feigen, Zitronat, und duftende Weihnachtsgewürze kommen ebenfalls in den Hefeteig, ebenso ein kräftiger Schuss Kirschwasser. All das macht das Hutzelbrot gehaltvoll und feucht und eben unvergleichlich. Eduard Mörike hat dem „Laiblein Hutzelbrot“ im „Stuttgarter Hutzelmännlein“ ein literarisches Denkmal gesetzt.

Von Fasnacht soll hier noch die Rede sein, von der echten alemannischen wohlgemerkt, mit den geschnitzten hölzernen Masken und den traditionellen Kostümen, die mit dem rheinischen Karneval nur wenig gemein hat. Die Fasnachtszeit ist die hohe Zeit des Schmalzgebackenen, der Fasnachtsküchle, der Scherben und der Schenkele. Öl war rar und teuer, Schmalz dagegen von der Hausschlachtung reichlich vorhanden. So groß ist die Bedeutung des Schmalzgebäcks, dass man den Haupttag der alemannischen Straßenfasnacht, den Donnerstag „Schmutziger Dunschtig“ nennt. „Schmutz“ bedeutet Schmalz – also der Tag des Schmalzgebäcks.

Schokoladen-Rhabarbertorte

250 g Mehl
125 g kalte Butter
in Flöckchen
75 g Zucker
1 Prise Salz
1 Ei
10 g Kakaopulver
75 g Schoko-Streusel
Für den Belag:
1 kg Rhabarber
5 EL Zitronensaft
100 g Zucker
200 g Schmand
3 Eier
1 Päckchen Vanillezucker
2 TL Speisestärke

Die angegebenen Zutaten zu einem Mürbeteig verarbeiten. Sollte er zu fest sein, 1–2 Esslöffel Wasser unterkneten. Für 1 Stunde kühl stellen.
Den Rhabarber waschen, wenn nötig schälen und in 1 cm große Stücke schneiden. In einem Topf mit 100 ml Wasser, Zucker und Zitronensaft 10 Minuten garen und abkühlen lassen.
Eine Springform einfetten, mit dem Teig auslegen, einen Rand hochziehen. Den Backofen auf 180 °C vorheizen, den Tortenboden mehrmals mit einer Gabel einstechen und 15 Minuten vorbacken. Schmand mit den Eiern, dem Vanillezucker und der Speisestärke verquirlen. Den Rhabarber auf den Tortenboden geben, mit dem Guss bedecken, weitere 20 Minuten backen.

Gedeckter Apfelkuchen

500 g Mehl
350 g kalte Butter in Flocken
80 g Zucker
2 Eier
150 ml kaltes Wasser

Für die Füllung:
1 kg saftige Äpfel
150 g Zucker
$^{1}/_{8}$ l Weißwein
60 g Korinthen
Butter für die Form
1 Eigelb zum Bestreichen

Die aufgeführten Zutaten rasch zu einem glatten Teig verkneten, zu einer Kugel formen und mindestens 90 Minuten kühl stellen.
In dieser Zeit die Äpfel schälen, vom Kernhaus befreien, in feine Blättchen schneiden, mit Wein und Zucker glasig andünsten und abkühlen lassen.
Den Teig auf einer bemehlten Arbeitsfläche zu 2 runden Platten auswellen, wobei man für den Boden zwei Drittel und für den Deckel ein Drittel rechnet.
Eine Springform ausfetten, die große Teigplatte einlegen, dabei einen breiten Rand überstehen lassen. Die Korinthen unter die Äpfel mischen, die Äpfel auf dem Kuchenboden verteilen. Die zweite Teigplatte darüber legen, den überstehenden Rand des Bodens darüber klappen und fest andrücken.
Die Deckelplatte und den Rand mit verquirltem Eigelb bestreichen und den Kuchen im auf 200 °C vorgeheizten Backofen 35–40 Minuten backen.

Zwetschgenkuchen vom Blech

Zwetschgenblatz

500 g Mehl
1 Würfel Hefe
50 g Zucker
1/4 l Milch
1 Ei
75 g Butter
1 Prise Salz
3 EL Weckmehl
2 1/2 kg Zwetschgen
Fett für das Blech
Hagelzucker zum Bestreuen

Das Mehl in eine große Schüssel sieben, in die Mitte eine Vertiefung drücken. Die Hefe hineinbröckeln und mit einem Teelöffel Zucker und etwas Milch einen kleinen Vorteig rühren. Mit Mehl bestäuben und an einem warmen Ort gehen lassen, bis er sich etwa verdoppelt hat.

Die übrigen Zutaten untermischen, den Teig gründlich durchkneten, bis er sich von der Schüssel löst und zugedeckt nochmals 20 Minuten gehen lassen.

Vor dem Weiterverwenden den Hefeteig nochmals durchkneten und auf einem gefetteten Backblech ausrollen. Den Boden mit Weckmehl bestreuen, die entsteinten Zwetschgen mit der Innenseite nach oben dachziegelartig auf den Teig legen. Den Kuchen nochmals gehen lassen, im vorgeheizten Backofen bei 200–225 °C 20–30 Minuten backen. Den etwas abgekühlten Kuchen mit Hagelzucker bestreuen.

Den saftigen Zwetschgenkuchen sollte man in einem Blech mit hohem Rand (Fettpfanne) backen. Verwendet man ein flaches Blech, empfiehlt es sich, vor den Kuchen ein mehrfach gefaltetes Stück Alufolie zu legen.

Zur Abwechslung kann man die Zwetschgen mit Streuseln bestreuen oder mit einem dicken Eier-Rahm-Guss bestreichen.

300 g Mehl
300 g Zucker
300 g Butter
300 g geriebene Mandeln, Hasel- oder Walnüsse
1 TL Kakaopulver
je 1 Messerspitze Zimt und Nelkenpulver
1–2 EL Kirschwasser
Mehl zum Ausrollen
Butter oder Margarine zum Einfetten der Form
250 g Johannisbeergelee oder Himbeerkonfitüre
1 Eigelb zum Bestreichen

Butter auf dem Backbrett möglichst fein unter das gesiebte Mehl schneiden. Die übrigen Zutaten mit kühlen Händen unterarbeiten, den Teig zu einer Kugel formen und mindestens 1 Stunde ruhen lassen.
Auf einer bemehlten Arbeitsfläche knapp zwei Drittel des Teigs zu einem Boden von 30 cm Durchmesser ausrollen und eine gefettete Springform von 26 cm Durchmesser damit auskleiden, dabei einen Rand hochziehen. Den Boden mit der Marmelade bestreichen.
Den restlichen Teig ausrollen, Streifen ausrädeln oder ausschneiden und gitterförmig auflegen. Das Gitter und den Rand mit verquirltem Eigelb bestreichen.
Bei 180–200 °C im vorgeheizten Backofen 50–60 Minuten backen.

Bienenstich

100 g trockener Speisequark
4 EL Milch
4 EL Speiseöl
50 g Zucker, etwas Salz
200 g Weizenmehl
4 gestrichene TL Backpulver
Für den Belag:
100 g Butter, 100 g Zucker
1 Päckchen Vanillezucker
1–2 EL Milch
100 g abgezogene, gehobelte Mandeln
Für die Creme:
3 Eigelb, 80 g Zucker
2 TL Stärkemehl
1 Päckchen Vanillezucker
1/4 l Milch
100 g Butter

Quark durch ein Sieb streichen, mit Milch, Öl, Zucker und Salz verrühren. Mehl mit dem Backpulver vermischen, die Hälfte des Mehls unter die Quarkmasse rühren, dann das restliche Mehl zugeben und alles zu einem glatten Teig verkneten. Eine Springform ausfetten und den Boden mit dem ausgerolltren Teig belegen. Für den Belag die Butter zerlassen, Zucker, Vanillezucker und Milch zugeben, die Mandeln ebenfalls unterrühren. Den Belag (den „Bienenstich") abkühlen lassen. Sollte er zu fest sein, noch etwas Milch zugeben. Den Bienenstich gleichmäßig auf dem Teig verteilen, den Kuchen bei 175–200 °C 20–25 Minuten backen. Auskühlen lassen.
Für die Cremefüllung Zucker und Eigelb schaumig rühren. Stärkemehl und Vanillezucker zugeben und die Masse auf dem Feuer schlagen, bis sie zu kochen beginnt. Vom Feuer nehmen und weiterschlagen, bis sie erkaltet ist. Die Butter schaumig rühren und die Crememasse langsam untermengen.
Den erkalteten Kuchen quer in der Mitte durchschneiden. Den unteren Boden mit Creme bestreichen, den oberen auflegen.

Mehl in eine Schüssel sieben, in die Mitte eine Vertiefung drücken. Die Hefe zerbröckeln und mit 1 Esslöffel Zucker hineingeben. 3 Esslöffel Milch hinzufügen und mit etwas Mehl zu einem glatten Vorteig verrühren. Zugedeckt an einem warmen Ort 15–20 Minuten gehen lassen.
Nach und nach den restlichen Zucker, die restliche Milch, Eier, Salz und Butter dazugeben. Den Teig mit einem großen Holzlöffel so lange schlagen, bis er sich von der Schüsselwand löst. Den Teig nochmals so lange gehen lassen, bis er sein Volumen etwa verdoppelt hat.
Den Teig dritteln, aus jedem Teil eine ca. 80 cm lange Rolle formen und daraus einen Zopf flechten. Ein Backblech einfetten, den Zopf auflegen, dabei die Enden unter den Zopf schieben. Nochmals gehen lassen.
Den Zopf vor dem Backen mit Eigelb bestreichen und mit Mandeln und Hagelzucker bestreuen. Bei 190–200 °C 45–50 Minuten backen.

500 g zimmerwarmes Mehl
1 Würfel Hefe
50 g Zucker
1/4 l lauwarme Milch
2 Eier
1 Prise Salz
50 g weiche Butter
Zum Bestreichen:
1 Eigelb
1 EL Milch
50 g Mandelstifte
1 EL Hagelzucker

Gugelhupf

500 g zimmerwarmes Mehl
100 g Zucker
1/4 l lauwarme Milch
1 Würfel Hefe
2 Eier (Raumtemperatur)
1 Prise Salz
150 g weiche Butter
100 g Rosinen
2 cl erwärmtes Kirsch- oder Mirabellenwasser
100 g ganze abgezogene Mandeln

Für den Vorteig die Hefe in der Hälfte der lauwarmen Milch auflösen und so viel Mehl zugeben, dass ein mitteldicker Teig entsteht. An einem warmen Ort ca. 30 Minuten gehen lassen.
Die Rosinen im Alkohol einweichen. Mehl, Zucker, Eier, Salz und den Rest der Milch in einer Backschüssel mischen und den Teig eine Viertelstunde bearbeiten, indem man ihn mit der Hand hochhebt und gegen die Schüssel schlägt. Dann die Butter einarbeiten und danach den Vorteig. Den Teig nochmals einige Minuten mit der Hand schlagen. Zum Schluss die im Schnaps eingeweichten Rosinen unterkneten.
Eine Gugelhupfform einfetten und die Mandeln in die Rillen legen. Den Teig mit stark bemehlten Händen in die Form füllen, nochmals zugedeckt eine Stunde gehen lassen.
Im vorgeheizten Backofen bei 190–200 °C 40–45 Minuten backen. Nach dem Backen eventuell mit Puderzucker bestäuben.

Scherben
Schenkele

5 Eigelb
1 großes Ei
1 EL dicker Sauerrahm
60 g Zucker
400 g Mehl
Schmalz oder anderes Backfett
Zum Bestreuen:
50 g Zucker
1/2 TL Zimt

Eier, Zucker und Rahm gut verrühren. Nach und nach das gesiebte Mehl unterrühren und mit der Ei-Zucker-Masse zu einem leichten Teig verarbeiten. Diesen so dünn wie möglich auswellen und mit einem Backrädchen ca. 12 cm lange und 5 cm breite Rhomben ausschneiden. Mit einer Gabel einige Male einstechen, damit die Scherben beim Ausbacken nicht blasig werden.
Die Scherben in reichlich heißem Fett ca. 3–4 Minuten schwimmend goldbraun ausbacken. Auf Brotscheiben oder Küchenkrepp entfetten, sofort mit der Zucker-Zimt-Mischung bestreuen und warm servieren.

Hutzelbrot

Bierewecke, Schnitzbrot

750 g getrocknete Birnenschnitze
500 g getrocknete entsteinte Zwetschgen
300 g getrocknete Apfelschnitze
1 1/2 kg Roggenmehl
2 Würfel Hefe
1 EL Zucker
1/4 l Wasser
1 EL Zucker
1 EL Salz
125 g Korinthen
125 g Sultaninen
250 g Walnusskerne
40 g Orangeat
40 g Zitronat
1 1/2 TL Zimt
1 TL Nelkenpulver
2–4 cl Kirschwasser

Korinthen und Sultaninen über Nacht im Kirschwasser einweichen. Die Trockenfrüchte klein schneiden und über Nacht in 1 1/2 l Wasser einweichen. Am nächsten Tag im Einweichwasser weich kochen. Durch ein Sieb abgießen, die Brühe auffangen.

Das Mehl in eine große Schüssel geben, in der Mitte eine Vertiefung eindrücken. Darin mit der zerbröselten Hefe, dem Zucker und etwas Brühe einen Vorteig anrühren und ca. 15 Minuten gehen lassen. Mit dem Mehl, Salz und ca. 400 ml Brühe zu einem nicht zu festen Teig verarbeiten (die restliche Brühe zum Bestreichen beiseite stellen). Die weiteren Zutaten so unterarbeiten, dass sie gleichmäßig im Teig verteilt sind.

Längliche Laibe formen, auf ein mit Mehl bestäubtes Brett setzen und über Nacht ruhen lassen. Am nächsten Tag die Laibe mit Brühe bestreichen und im vorgeheizten Backofen bei ca. 180 °C 40–50 Minuten backen, die Brote während der Backzeit noch zweimal mit der Brühe bestreichen. (Es ergibt 8–12 Laibe, je nach Größe.)

Das Hutzelbrot hält sich 3–4 Wochen.

Springerle

500 g feiner Zucker
4 Eier
500 g gesiebtes Mehl
1 gestrichener TL Hirschhornsalz
abgeriebene Schale einer Zitrone
1 EL Anissaat

Alle Zutaten müssen zimmerwarm sein. Zucker und Eier sehr schaumig rühren. Das Mehl zusammen mit dem Hirschhornsalz und dem Zitronenabrieb zugeben und den Teig gründlich durchkneten. Er darf nicht kleben, aber auch nicht zu trocken sein. Mit einem Tuch bedecken und 2 Stunden kühl stellen.
Den Teig auf einer bemehlten Arbeitsfläche knapp 1 cm dick auswellen. Der Teig darf nicht an der Unterlage kleben. Die Oberfläche mit Mehl bestäuben, den Springerlemodel ebenfalls leicht einmehlen, in den Teig drücken und abheben. Den Vorgang wiederholen, bis die ganze Teigplatte mit Motiven bedeckt ist, dann die Springerle auseinander schneiden oder rädeln.
Die Teigstücke auf ein gefettetes und mit Anissamen bestreutes Backblech setzen, 1–2 Tage bei Raumtemperatur an einem zugfreien Ort trocknen lassen. Vor dem Backen das Mehl vorsichtig von der Oberfläche abpinseln.
Bei 150–160 °C 15–20 Minuten backen. Die Springerle müssen „Füßle" bekommen, oben ihre weiße Farbe behalten, ihr Boden soll goldgelb sein.
Nach Belieben kann man die Motive der Springerle mit Lebensmittelfarbe bemalen. Sie sollten auf jeden Fall 2–3 Wochen vor dem Verzehr gebacken und in einem geschlossenen Keramikgefäß kühl aufbewahrt werden, damit sie weich und locker werden.

ZIMTSTERNE

4 Eiweiß
1 Prise Salz
500 g Puderzucker
500 g gemahlene Mandeln
1 gestrichener TL Zimt
abgeriebene Schale
einer halben Zitrone

Eiweiß mit dem Salz schnittfest schlagen, Puderzucker einrieseln lassen und so lange weiterschlagen, bis der Zucker völlig aufgelöst ist. Etwa ein Viertel der Eiweißmasse für die Glasur beiseite stellen. Mandeln, Zimt und Zitronenabrieb mit dem Eischnee vermengen. Der Teig soll trocken und formbar sein.
Ein Backbrett mit Puderzucker bestreuen, den Teig darauf knapp zentimeterdick auswellen, Sterne ausstechen und auf ein mit Backpapier ausgelegtes Blech setzen. Die Sterne mit dem zurückbehaltenen Eischnee überziehen, mindestens 2 Stunden antrocknen lassen, dann bei 140–150 °C 30-40 Minuten backen.

HILDABRÖTLE

300 g Mehl
150 g Butter
120 g Zucker
1 Päckchen Vanillezucker
1 Ei
5 EL Johannisbeer- oder Himbeermarmelade
Für die Glasur:
125 g Puderzucker
2 EL heißes Wasser

Mehl auf ein Wellbrett sieben, in der Mitte eine Vertiefung eindrücken. Zucker, Vanillezucker und das Ei hineingeben. Die Butter in kleine Stückchen schneiden, von der Mitte aus alle Zutaten schnell zu einem glatten Teig verarbeiten und eine Stunde kühl stellen.
Den Teig knapp einen halben Zentimeter dünn auswellen. Mit einem runden Förmchen im Durchmesser von 5 cm Plätzchen ausstechen, bei der Hälfte davon in der Mitte runde Öffnungen ausstechen, so dass Ringe entstehen. Auf ein Blech setzen und bei 180–200 °C 8–12 Minuten backen.
Nach dem Erkalten die untere Scheibe der Plätzchen mit der roten Marmelade bestreichen, die Ringe auflegen. Puderzucker mit Wasser zur Glasur verrühren, unter die man nach Belieben etwas Zitronensaft oder Rum mischen kann. Die Hildabrötchen mit der Glasur bestreichen.

Quittenbrot
Quittenpaste

2 kg Quitten
½ l Wasser
ca. 1 kg Zucker (je nach Gewicht des Quittenmarks)
etwas abgeriebene Zitronen- oder Orangenschale
1 TL Zimtpulver
Hagelzucker

Quitten gut abreiben, vierteln, von Stielen, Kerngehäusen und Blütenansätzen befreien. Mit dem Wasser aufsetzen und bei milder Hitze weich kochen, in einem Sieb gut abtropfen lassen.
(Den Saft auffangen und für Gelee verwenden.)
Das Quittenmark wiegen und die gleiche Menge Zucker einrühren, Zimt und Zitronen- oder Orangenabrieb untermischen. Unter ständigem Rühren mit einem Holzlöffel so lange kochen lassen, bis der Brei rotbraun und dick wird und sich vom Topfrand löst.
Ein Backblech einfetten, mit Alufolie auslegen und das Mus 1–2 cm dick aufstreichen. Im offenen Backofen bei allerhöchstens 50 °C 6–8 Stunden trocknen lassen. Das Quittenbrot ist genügend trocken, wenn es sich glatt von der Alufolie lösen lässt.
In Rauten schneiden oder Figuren ausstechen, diese auf Küchenrosten an einem nicht zu warmen Ort nochmals etwa eine Woche trocknen lassen. Das Quittenbrot in Hagelzucker wälzen und, lagenweise durch Backpapier getrennt, luftdicht verschlossen aufbewahren.

Eingemachtes, Süsses und Pikantes

10

Eine reich gefüllte Speisekammer war früher der Stolz jeder Hausfrau. Die Regale bogen sich fast unter dem Gewicht der Vorräte: Gläser mit eingemachtem Obst, Flaschen voll köstlichem Saft, Sirup und Likör, Tiegel mit selbst gerührten Cremes und Lotionen für Haut und Haar. Tage-, ja wochenlang standen die Frauen am Herd und rührten Marmeladen und Gelees, deren Duft das ganze Haus durchzog.
Was in Vorratskammer und Keller aufbewahrt wurde, spiegelte den Lauf der Jahreszeiten wider. Was im Garten und auf den Feldern heranreifte und nicht gleich verbraucht werden konnte, wurde auf mancherlei Art für den Winter haltbar gemacht.
Nehmen wir doch einmal den Holunder, der früher in jedem bäuerlichen Garten wuchs. Was hat er uns doch alles zu bieten! Im Frühling erfreut er uns mit seinen stark duftenden Blüten, die Dolden lassen sich in Teig ausbacken, in Sirup, Blüten-Gelee, aromatischen Essig und Sekt verwandeln. Man kann daraus beruhigende Gesichtswässerchen herstellen oder lindernde Fußbäder bei geschwollenen Füßen. Unreife Beeren eignen sich als Kapern-Ersatz. Aus den reifen Beeren gewinnt man Saft, man kocht sie zu Mus und Konfitüre. Ein Gläschen heißer Holundersaft, am Abend getrunken, beugt Erkältungen vor, ist ein gutes Mittel gegen Schlaflosigkeit und fördert die Verdauung.
Obwohl uns heute das ganze Jahr über eine große Auswahl an Nahrungsmitteln zur Verfügung steht, spüren auch viele moderne Hausfrauen das Bedürfnis, aus frischen Grundprodukten etwas Besonderes herzustellen, das sich aufbewahren lässt. Ganz gleich, wie gut ein gekauftes Erzeugnis auch sein mag – etwas, das man mit Sorgfalt und Freude selbst herstellt, wiegt die Zeit und die Energie lange auf, die man zur Zubereitung verwendet. Viele Rezepte zur Vorratshaltung lassen sich über Generationen zurückverfolgen und machen den Einfluss vergangener Zeiten auf unser heutiges Leben deutlich.

Holundersaft

2 kg gut reife Holunderbeeren
400–500 g Einmachzucker
1/2 Zimtstange
2 Gewürznelken

Holunderbeeren waschen und abtropfen lassen, nicht entstielen. Mit dem Zucker und den Gewürzen vermischen und zugedeckt 5–6 Stunden ziehen lassen. Im Dampfentsafter in 30–45 Minuten entsaften.

Falls kein Dampfentsafter vorhanden ist, die Beeren vom Stiel befreien und mit Wasser bedeckt zusammen mit den Gewürzen kochen, bis die Haut der Beeren platzt. Den Obstbrei in ein über eine Schüssel gehängtes Tuch geben und abtropfen lassen, zum Schluss das Tuch gut ausdrücken.

Den gewonnenen Saft mit 400 g Zucker pro Liter einkochen. Sofort in heiß ausgespülte Flaschen füllen und verschließen.

Holunderblütensirup

2 kg Zucker
50 g Zitronensäure
(aus der Apotheke)
2 unbehandelte Zitronen
12 Holunderblütendolden

Holunderblütendolden waschen und trocken tupfen.

Den Zucker in 2 1/2 Liter Wasser so lange kochen, bis er sich aufgelöst hat. Die Zitronensäure unterrühren. Von den Zitronen die Schale in feinen Streifen abziehen. Zitronenschalen und Holunderblütendolden in ein Glasgefäß geben, mit dem Zuckersirup übergießen. Erkalten lassen und das Gefäß gut verschließen.

Den Sirup an einem warmen Ort eine Woche ziehen lassen, dann durch ein feines Sieb abgießen, in Flaschen abfüllen und kühl aufbewahren.

Apfel-Rosenblütengelee

1,2 kg säuerliche Äpfel
150 g stark duftende Rosenblütenblätter
1/2 unbehandelte Zitrone
1 kg Gelierzucker (1:1)
15 Tropfen Rosenöl (aus der Apotheke)

Die Äpfel waschen, schälen, das Kerngehäuse, Stiele und Blüten entfernen. Die Äpfel in Würfel schneiden, in einen weiten Topf geben und so viel Wasser angießen, dass sie knapp bedeckt sind. Zitronenhälfte dazugeben und kurz vor dem Kochen wieder herausnehmen. Die Äpfel zugedeckt bei mäßiger Hitze ca. 20–30 Minuten kochen, bis sie zerfallen sind. Den Fruchtbrei auf einem Sieb abtropfen lassen. Den Saft auffangen und abmessen, mit der gleichen Menge Gelierzucker vermischen.
Die Rosenblütenblätter kurz in kochendes Wasser tauchen, in Eiswasser abschrecken und im Saft mitkochen, bis sie nicht mehr oben schwimmen. Rosenblätter mit einer Schaumkelle herausnehmen, Saft und Zucker unter ständigem Rühren ca. 10 Minuten kochen, dabei öfters abschäumen. Vom Herd nehmen, das Rosenöl unterrühren und in vorgewärmte Gläser füllen. Sofort verschließen.

Johannisbeerkonfitüre

1,2 kg Johannisbeeren
Saft einer Zitrone
500 g Gelierzucker (2:1)

Johannisbeeren abbrausen, abtropfen lassen und mit einer Gabel von den Stielen streifen. Johannisbeeren, Zitronensaft und 250 ml Wasser in einem Topf unter Rühren aufkochen, im geschlossenen Topf ca. 5 Minuten bei kleiner Hitze kochen lassen. Die gekochten Früchte durch ein Sieb streichen oder mit der „flotten Lotte" passieren, zurück in den Topf geben. Es sollte etwa 1 kg Fruchtpüree ergeben.
Den Gelierzucker untermischen und nach Packungsangabe unter ständigem Rühren 4 Minuten sprudelnd kochen lassen. Sofort in heiß ausgespülte Schraubdeckelgläser füllen und diese verschließen.

Senfgurken

1 kg feste gelbe Gurken
50 g Salz
2 EL Senfkörner
6 Pimentkörner
6 weiße Pfefferkörner
3 Lorbeerblätter
3 Nelken
1 kleine Meerrettichstange
2 Zwiebeln,
in feine Ringe geschnitten
1 EL Zucker
1 EL Essiggurkengewürz
1/4 l Weißweinessig

Die Gurken schälen, halbieren und die Kerne ausschaben. In fingerlange, 2 cm breite Stücke schneiden und mit dem Salz in eine Schüssel schichten. 24 Stunden ziehen lassen, zum Abtropfen auf ein Sieb geben.
Die Meerrettichwurzel säubern, schälen und in 1 cm lange Stücke teilen. Die Gurkenstreifen mit Meerrettich, Zwiebeln, Kräutern und Gewürzen in Einmachgläser schichten. Den Essig mit der gleichen Menge Wasser mischen. Die Gläser bis zum Rand damit füllen und verschließen.
Im Backofen bei 160 °C ca. 60 Minuten sterilisieren, im Backofen abkühlen lassen.

Süsssaure Zwetschgen

1 kg feste Zwetschgen,
möglichst mit Stiel
1/4 l Weinessig
1/8 l Wasser
1 Stange Zimt
2 Nelken
500 g Zucker

Die Zwetschgen abreiben, mit einem Hölzchen mehrmals einstechen und in eine Schüssel legen. Essig, Wasser, Zimt, Nelken und Zucker aufkochen, erkalten lassen und über die Zwetschgen gießen. Die Flüssigkeit nach 3 Tagen abgießen, nochmals aufkochen und lauwarm über die Zwetschgen gießen. Am nächsten Tag die Flüssigkeit wieder abgießen, zum Kochen bringen und nacheinander jeweils 6–8 Zwetschgen darin aufkochen.
Die Früchte in einen Steinguttopf legen und so viel von der eingekochten und abgeschäumten Brühe darüber gießen, dass die Zwetschgen bedeckt sind. Den Topf nach dem Erkalten zubinden.

Kürbis-Chutney

1 kg Kürbis
2 Zwiebeln, fein gewürfelt
4 Knoblauchzehen, zerdrückt
2 getrocknete Chilischoten
1 TL Senfkörner
1 TL Korianderkörner
20 g frischer Ingwer
1 EL Öl
100 g Sultaninen
300 ml Weißweinessig
300 g brauner Zucker
Salz, Pfeffer

Kürbis schälen, Kerne und Fasern entfernen, das Kürbisfleisch in 2 cm große Würfel schneiden. Chili, Senf- und Korianderkörner im Mörser grob zerstoßen. Ingwer schälen und fein hacken.
Das Öl in einem großen Topf erhitzen, die Zwiebeln darin glasig dünsten. Knoblauch, Chili, Ingwer und die Gewürze zugeben und kurz mitdünsten. Die restlichen Zutaten hinzufügen und das Chutney bei mittlerer Hitze unter gelegentlichem Umrühren 20–30 Minuten musig kochen.
Mit Salz und Pfeffer abschmecken, in heiß ausgespülte Gläser füllen und verschließen.

Schlehenlikör

1 kg reife Schlehen
1 l Obstschnaps
250 g Zucker

Die Früchte gut verlesen, abspülen und abtropfen lassen. Jede Schlehe mehrmals mit einer Nadel oder einem Schlehdorn einritzen. Die Früchte in einen Steinguttopf geben und mit dem Obstler bedecken. Das Gefäß verschließen und 6–8 Wochen an einen dunklen Ort stellen, dabei den Inhalt von Zeit zu Zeit kräftig durchschütteln.
Den Zucker mit einem halben Liter Wasser aufkochen und abkühlen lassen.
Die Beeren und den Alkohol durch ein mit einem Tuch ausgelegtes Sieb filtern und mit dem Zuckersirup mischen. Den Schlehenlikör in saubere Flaschen füllen und gut verschließen. Bis zum nächsten Winter reifen lassen.

Topinambur

In Nordamerika, ihrer ursprünglichen Heimat, waren die süßlich schmeckenden Knollen einst das wichtigste Nahrungsmittel der Indianer. Die Franzosen nannten sie nach dem Indianerstamm „Topinambus". Von Frankreich kam Topinambur über das Elsass nach Baden. In Mittelbaden, zwischen Freiburg und Karlsruhe, hat die einst als Delikatesse geschätzte und ab Mitte des 18. Jahrhunderts von der Kartoffel verdrängte Knolle ihr Hauptanbaugebiet.

Die anspruchslose, bis zu 3 Meter hohe Pflanze mit den großen Blättern trägt im Sommer kleine sonnenblumenähnliche Blüten. Gegessen werden die unregelmäßig geformten, etwa kartoffelgroßen Knollen. Im Badischen kennt man sie auch unter dem Namen Rosskartoffeln, weil sie früher vielfach ans Vieh verfüttert wurden. Besonders bekannt ist der „Rossler", der aus Topinamburknollen gebrannte, etwas raue klare Schnaps. Er soll die Verdauung fördern, ist also ein idealer Digestif.

Inzwischen weiß man wieder vom gesundheitlichen Wert der nährstoffreichen Knollen mit dem leicht süßlichen artischockenähnlichen Geschmack. Topinambur enthält viele wichtige Mineralstoffe und Vitamine, der Verzehr stärkt das Immunsystem. Topinamburknollen müssen für Diabetiker nicht in Broteinheiten umgerechnet werden. Das stärkeähnliche Inulin wird im Körper in den für Diabetiker verträglichen Fruchtzucker gespalten, dabei wird kein körpereigenes Insulin benötigt, was Topinambur zur idealen „Diabetikerkartoffel" macht.

11

Besonders lecker schmeckt „Topi", wenn er etwas Frost abbekommen hat. Er überwintert im Boden und wird von Oktober bis April nach Bedarf geerntet. Die schwer zu schälenden Knollen können roh oder gegart verzehrt werden, häufig werden sie, gut gereinigt, mit der Schale gekocht und gegessen. Fast sämtliche Kartoffelgerichte können auch mit Topinambur hergestellt werden. Der einzige Nachteil: nach der Ernte sind die Knollen nur etwa eine Woche haltbar – Vorratshaltung empfiehlt sich also nicht.

Dinkel und Grünkern

Das „Bauland" zwischen Odenwald und Taubergrund ist Dinkelland: Dort wird sie noch angebaut, die alte anspruchslose Getreideart, der „Vorfahre" unseres hochgezüchteten Weizens. Manche Hausfrau schwört auf das feine Dinkelmehl bei der Herstellung von Spätzle und Springerle.

Bekannter als der Dinkel selbst sind allerdings seine unreif geernteten Körner, der köstliche Grünkern. Dinkel für Grünkern wird im Herbst gesät und zwei oder drei Wochen vor der eigentlichen Reife geerntet, wenn die Körner noch weich sind. In heißer Luft werden sie gedörrt. Diese leichte Röstung gibt dem Grünkern seinen typischen, kräftig-nussigen Geschmack. Als Mehl, Grieß, Schrot oder Graupen ist Grünkern im Handel. Jahrzehntelang war er fast vergessen, inzwischen hat man sich nicht nur in der Vollwertküche wieder auf seinen biologisch wertvollen Gehalt an Eiweiß und Mineralstoffen besonnen. Gerade die grob geschroteten Körner haben den besonders kräftigen urwüchsigen Geschmack.

Wie aber kamen unsere Vorfahren auf die Idee, den 1745 erstmals erwähnten Grünkern zu „darren", das heißt zu rösten? Man erzählt, dass der Dinkel in einem kalten und nassen Sommer nicht mehr zum

Reifen kam. Um ihn überhaupt genießbar zu machen, trockneten die Bauern die Körner über dem Feuer. Ob der Grünkern wirklich auf diese Art „erfunden" wurde, mag dahingestellt sein – ein wunderbarer Grundstoff für Suppen, Küchle, Eintöpfe und Aufläufe ist er ganz sicher.

Meerrettich

Markgraf Ludwig Wilhelm von Baden, in die Geschichte eingegangen als der „Türken-Louis", soll den ursprünglich in Südosteuropa beheimateten „scharfen Kerl" von seinen Feldzügen mitgebracht und in Baden heimisch gemacht haben.

Zu Großmutters Zeiten war der Meerrettich in jedem Bauerngarten zu finden. Gegessen werden die Wurzeln, 30–40 cm werden sie lang und 4–6 cm dick. Erntezeit des Meerrettichs, der kein Rettich ist, sind die Monate September bis November. In Erde oder Sand eingeschlagen, hält er sich im Keller monatelang.

Die scharfen Stangen sind die reinste Apotheke. Die antibiotischen Inhaltsstoffe Allicin und Sinigrin machen Meerrettich zu einem pflanzlichen Penicillin. Er regt den Appetit an, unterstützt den Kreislauf und die Durchblutung der Schleimhäute und wirkt hustenlösend. Er senkt den Blutdruck und enthält doppelt so viel Vitamin C wie Zitrone.

Nur ein geringer Prozentsatz der Ernte wird frisch angeboten; der größte Teil wandert gerieben in Gläschen und Tuben, und so kennen ihn auch die meisten heutzutage. Frischer Meerrettich aber hat mehr Schärfe – sie kommt vom mit dem Senföl verwandten Inhaltsstoff Sinigrisin und treibt uns die Tränen in die Augen – und stärkeres Aroma und ist ein wahrer Genuss. Man mischt ihn nach dem Reiben mit etwas Zitronensaft, je einer Prise Salz und Zucker, rührt nach Belieben noch 1–2 Esslöffel Sahne unter und reicht ihn statt Senf zu Würsten und Schweineripple. In ein Schraubglas abgefüllt, lässt er sich mindestens zwei Wochen aufbewahren.

Großmutters handgeschriebener Haushaltsratgeber empfiehlt, beim Reiben am geöffneten Fenster oder in der Nähe des Herdes zu arbeiten – so lässt sich das „heulende Elend" vermeiden. Durch Hitze verliert Meerrettich einen Teil seiner Schärfe, deshalb mischt man ihn erst zum Schluss unter gekochte Soßen.

Das badische Samstagsessen, die gekochte Ochsenbrust, wäre ohne die begleitende Meerrettichsoße einfach unvollständig.

Topinambur im Ausbackteig

750 g Topinamburknollen
Ausbackfett
Ausbackteig:
250 g Mehl
1 gestrichener TL Backpulver
1 Ei
1/8 l Milch
2 TL Öl
etwas Salz

Die Zutaten zu einem dickflüssigen Ausbackteig verarbeiten und den Teig 30 Minuten ruhen lassen.
Topinamburknollen gründlich waschen und dünn schälen. In Scheiben schneiden, durch den Ausbackteig ziehen und in heißem Fett schwimmend goldgelb backen. Nach dem Herausnehmen überschüssiges Fett auf Küchenpapier abtropfen lassen.
Noch heiß als Beilage zu kurzgebratenem Fleisch und grünem Salat servieren.

Topinamburpuffer

1 kg Topinamburknollen
1 Spritzer Zitronensaft
2 Eier
1 Zwiebel, gerieben
50 g Mehl
1 TL Salz
Backfett

Die Topinamburknollen waschen, schälen und roh in eine Schüssel mit kaltem Wasser reiben, dem etwas Zitronensaft beigemengt ist. Kurz vor dem Backen das Wasser abgießen, die Topinamburmasse in einem Tuch fest auspressen und sofort mit den übrigen Zutaten zu einem festen Brei verarbeiten.
Das Fett in einer Pfanne erhitzen. Vom Topinamburteig mit einem Esslöffel kleine Häufchen in die Pfanne setzen und zu dünnen Küchlein im Durchmesser von 7–8 Zentimeter ausstreichen. Die Puffer unter Wenden goldgelb und knusprig backen und sofort auftragen.
Salat oder zur Abwechslung auch mal Kompott dazu reichen.

Topinamburauflauf

500 g Topinamburknollen etwas Zitronensaft 2 Packungen Tiefkühl-Blätterteig 1 EL Öl 2 Schalotten, fein gewürfelt 1 Knoblauchzehe, gehackt 500 g Rinderhack 1 EL getrocknete Tomaten, fein gehackt 150 g Emmentaler, gerieben Salz, Pfeffer, Paprika 1 Eigelb 1 TL Sahne	

Blätterteig auftauen lassen. Topinamburknollen waschen, schälen, in dünne Scheiben schneiden und in kaltes Wasser mit etwas Zitronensaft legen.
Die Schalotten im Öl andünsten, Knoblauch, Tomaten und Hackfleisch dazu geben und anbraten. Topinamburscheiben in einem Tuch auspressen und hinzufügen. Mit Salz, Pfeffer und Paprika abschmecken und ca. 5–10 Minuten dünsten. Zum Schluss den Käse unterheben.
Blätterteig ausrollen und eine kalt ausgespülte Auflaufform mit zwei Drittel des Teigs auslegen. Die Hackfleisch-Topinamburmasse einfüllen, den restlichen Teig als Deckel auflegen und mit einer Gabel mehrmals einstechen. Eigelb mit der Sahne verrühren und den Blätterteig damit bestreichen.
Den Auflauf im auf 200 °C vorgeheizten Backofen 50–60 Minuten backen.

Grünkernsuppe

80 g Grünkern (ganzes Korn)
1 gelbe Rübe,
sehr fein gewürfelt
1 Zwiebel, sehr fein gewürfelt
50 g Butter
1 l kräftige Fleisch-
oder Gemüsebrühe
Salz, Pfeffer
2 Eigelb
4–5 EL süßer Rahm
Markklößchen
1 EL Petersilie, fein verwiegt

Den Grünkern verlesen, waschen und abtropfen lassen. In der heißen Butter zusammen mit den Zwiebel- und Gelbrübenwürfeln unter häufigem Umrühren andünsten. Mit der Brühe ablöschen, 80–90 Minuten sachte kochen lassen, dabei gelegentlich umrühren.

Eigelb mit dem Rahm verquirlen und die Suppe damit binden. Sie darf nun nicht mehr kochen! Mit Salz und Pfeffer abschmecken. Markklößchen als Einlage in die Suppe geben und mit erhitzen. Vor dem Anrichten mit Petersilie bestreuen.

Grünkernküchle

125 g Grünkerngrieß
1/2 l Gemüse- oder Fleischbrühe
1 altbackenes Brötchen, eingeweicht
100 g geräucherter Speck, fein gewürfelt
je 1 EL Zwiebel und Petersilie, fein gehackt
1 Ei
Salz, Pfeffer, Muskat
Butterschmalz zum Ausbacken

Die Brühe zum Kochen bringen, den Grünkern einrühren und so lange zu einem dicken Brei kochen, bis er sich vom Topfboden löst, erkalten lassen.
Den Speck in einer Pfanne auslassen, herausnehmen und im Bratfett Zwiebel und Petersilie anschwitzen. Brötchen ausdrücken und verzupfen. Brötchen, Ei, Speck, Zwiebel und Petersilie unter den Grünkernbrei mischen. Mit Salz, Pfeffer und Muskat würzen und zu einem geschmeidigen Teig verarbeiten. Mit mehlbestäubten Händen runde Küchlein formen und im heißen Fett auf beiden Seiten schön goldbraun backen.
Nach Belieben den Bratensatz in der Pfanne loskochen und daraus eine kräftige Soße zubereiten. Mit Salat oder Gemüse servieren.

Grünkernauflauf

200 g Grünkernschrot
1 Liter Milch
40 g Butter
4 Eier, getrennt
100 g Zucker
70 g Walnüsse, gehackt
1 Prise Salz
Fett für die Form

Die Milch zum Kochen bringen, den Grünkernschrot einrühren. Langsam unter ständigem Umrühren zu einem dicken Brei kochen. Vom Feuer nehmen und abkühlen lassen.
Butter, Eigelb und Zucker schaumig rühren. Den Grünkernbrei und die Nüsse untermischen. Eiweiß mit dem Salz zu steifem Schnee schlagen und vorsichtig unterheben. Eine Auflaufform ausfetten, die Masse einfüllen und 50–60 Minuten bei 200 °C backen.
Mit Weinschaum- oder Vanillesoße servieren, auch ein Zwetschgenkompott passt gut.

Meerrettichschaumsuppe

150 g Meerrettichwurzel
1 Schalotte, gewürfelt
40 g Butter
2 EL Mehl
200 ml Sahne
1 l Fleisch- oder Gemüsebrühe
2 Eigelb
Salz, Pfeffer, Zucker
1 Spritzer Zitronensaft
150 g Räucherlachs in feinen Streifen

Den Meerrettich säubern, schälen und 100 g davon fein reiben, den Rest in hauchfeine Scheiben schneiden. Die Schalottenwürfel und den geriebenen Meerrettich in der erhitzten Butter goldgelb anschwitzen. Mit Mehl bestäuben, 100 ml Sahne und die Brühe angießen und bei mittlerer Hitze 20 Minuten köcheln lassen.
Die Suppe pürieren, mit Salz, Pfeffer, Zucker und Zitronensaft abschmecken und nochmals aufkochen. Eigelb mit der restlichen Sahne verquirlen und nach und nach in die Suppe rühren, nicht mehr kochen lassen.
Die Suppe nochmals aufmixen, mit den rohen Meerrettichscheiben und den Lachsstreifen dekorativ anrichten.

Schweinemedaillons unter der Meerrettichkruste

8 Schweinemedaillons à 80 g
4 EL Meerrettich, frisch gerieben
4 Knoblauchzehen, zerdrückt
50 g weiche Butter
1/2 Bund Petersilie, fein gehackt
1 EL Paniermehl
Salz, Pfeffer
2 EL Öl
Fett für die Form

Meerrettich, Knoblauch, Petersilie und Paniermehl mit der weichen Butter verkneten, kräftig mit Salz und Pfeffer würzen.
Die Schweinemedaillons salzen und pfeffern und im heißen Öl von jeder Seite 2 Minuten anbraten. Eine ofenfeste Form ausfetten und die Medaillons einlegen, mit der Kräuter-Meerrettichmischung dick bestreichen. Im Backofen bei 200 °C ca. 20 Minuten backen.

Meerrettichsosse

Meerrettich säubern, schälen und reiben. Milch und Brühe erhitzen, die Mehlbutter einrühren. Den Meerrettich zugeben, unter Rühren einige Minuten aufkochen, bis die Soße sämig ist. Mit wenig Salz, Pfeffer und Zucker abschmecken, bei Bedarf mit Fleischbrühe weiter verdünnen.

1 Stange Meerrettich
Mehlbutter aus
50 g Butter und 50 g Mehl
1/4 l Milch, 1/4 l Fleischbrühe
je 1 Prise Salz, Pfeffer
und Zucker

Meerrettich-Apfelsosse

Die Äpfel schälen, zerkleinern und in einer halben Tasse Wasser mit Zucker und Zitronensaft weich kochen. Pürieren und in der Milch unter ständigem Rühren zum Kochen bringen. Den Topf vom Herd nehmen, Meerrettich und Sahne untermischen und sofort zu Tisch bringen.

2 säuerliche Äpfel
1 TL Zucker
Saft einer halben Zitrone
1/8 l Milch
3 EL Meerrettich,
frisch gerieben
2 EL Sahne

Kalte Meerrettichsosse

Den Meerrettich mit Essig und Senf mischen. Mie de pain in der Milch einweichen, gut ausdrücken und mit dem Schmand zum Meerrettich rühren. Mit Salz und Zucker abschmecken.

150 g Meerrettich,
frisch gerieben
1 EL Weinessig
1 TL scharfer Senf
150 g Mie de pain (feine
Weißbrotkrumen ohne Rinde)
1/4 l Milch
2 EL Schmand
je 1 Prise Salz und Zucker

Badisch angerichtet – kleines Küchenglossar

Bähen (baihe)
Rösten oder trocknen

Bibbeleskäs
Rohmilchfrischkäse, so genannt, weil man die Bibbele (Küken) damit fütterte

Bierewecke
Früchtebrot, Schnitzbrot, Hutzelbrot mit getrocknetem Obst

Blatz (Blootz)
Blechkuchen mit Hefeteig (Apfel- und Zwetschgenkuchen, auch Zwiebelkuchen)

Brägele
Bratkartoffeln

Brennts
Gebranntes, auch Schnaps

Brennte Mehlsupp
Gebrannte Mehlsuppe, einst im Schwarzwald Frühstückssuppe

Bubespitzle (Buwespitzle)
Schupfnudeln

Flädle (Flädli)
In feine Streifen geschnittene Pfannkuchen (Suppeneinlage)

Gitzi
Junges Zicklein

Grumbere (Grumbiere)
Kartoffeln

Gschwellde
Pellkartoffeln

Gutsele
Kleingebäck, Weihnachtsbrötchen, Bonbon

Herdäpfel (Erdäpfel)
Kartoffeln

Hollerküchle (Holderle)
In Teig ausgebackene Holunderblütendolden

Hutzelbrot
Bierewecke, Früchtebrot

Knöpfle (Knöpfli)
Tropfenförmige Teigwaren, etwas fester als Spätzle

Kracherle
Geröstete Brotwürfelchen (Croûtons)

Kratzete
Klassische Beilage zu Spargel aus „zerrissenem" Pfannkuchenteig

Matelote
Fischtopf aus Süßwasserfischen

Mogge
Größerer Bissen von Brot oder Fleisch

Mümpfele (Mümpfeli, Möggele)
Kleiner Bissen,
kann unzerteilt verzehrt werden

Pfludde
Feste Bällchen aus Kartoffelbrei mit Mehlzusatz
(nicht übersetzbar!)

Rahnen
Rote Bete, Rote Rüben

Röschtele
Saueressen von Innereien
(Herz, Leber, Nierle, Lunge)

Scherben (Schenkele)
Dünnes, rechteckiges, in Schmalz gebackenes
Fasnachtsgebäck

Schäufele (Schiefeli)
Geräuchertes Schulterstück vom Schwein

Schunke
Schinken

Stande
Großer glasierter Steinguttopf
(für Sauerkraut, *Ständlesbohnen*, Rüben, ...)

Sulz
Kutteln

Suurbrotes
Sauerbraten

Suuresse
Saueressen von Innereien

Suure Grumbiere
Braune, saure Kartoffelplättchen

Strüble (Strübli)
Sträublein, ringförmig verschlungenes Gebäck,
in heißem Fett ausgebacken

Tellersulz
Sülze, Fleisch in Aspik

Weckle
Brötchen

Waihe (Waje, Wähe)
Dünnteigiger Hefekuchen, mit Zwiebeln oder
Früchten belegt, darüber ein Rahmguss

Z' Nüni
Zweites Frühstück um 9 Uhr

Z' Obe
Abendessen

Z' Vieri
Vespermahlzeit um 4 Uhr nachmittags

Rezepte nach Gruppen

(Wenn nicht anders angegeben, sind die Rezepte für vier Personen berechnet.)

1 Suppen, Suppeneinlagen und Eintopfgerichte

2 Kleine Gerichte, Vesper, Salate

Rezepte alphabetisch

GER
2021
KONSTANZ
make up

Hinweise:

Alle Rezepte in diesem Buch sind, sofern nicht anders angegeben, für 4 Personen bestimmt.
Die angegebenen Löffelmaße beziehen sich auf gestrichene Standardlöffel, das heißt:
1 Esslöffel (EL) = 15 ml
1 Teelöffel (TL) = 5 ml

Soweit nicht anders angegeben, werden in den Rezepten mittelgroße Eier verwendet. Einige Gerichte enthalten rohe oder nur leicht gegarte Eier. Schwangere, stillende Frauen, Kranke, Babys und kleine Kinder sowie ältere Menschen sollten diese Gerichte meiden. Einmal zubereitet sollten sie gekühlt aufbewahrt und rasch verzehrt werden.

Backöfen sollten auf die angegebene Temperatur vorgeheizt werden. Bei Heißluftöfen bitte die Herstellerangaben zur Anpassung der Temperatur berücksichtigen.

Text: Gertrud und Eberhard Löbell, Ihringen
Fotografie: Björn Kray Iversen, Albersweiler; Eberhard Löbell, Ihringen (Seite 128)
Titelfotografie: Petra Hille, Gladenbach
Gesamtgestaltung und Satz: Tischewski & Tischewski, Marburg
Reproduktionen: RGD, Digitale Medientechnik GmbH, Langen
Druck und Verarbeitung: Colorprint, Hongkong
Printed in China
ISBN-10: 3-86528-239-3
ISBN-13: 978-3-86528-239-2

Besuchen Sie uns im Internet: www.umschau-buchverlag.de